tempo ● talento ● energia

TEMPO

TALENTO

ENERGIA

MICHAEL MANKINS | ERIC GARTON

TEMPO
TALENTO
ENERGIA

*Supere as amarras organizacionais e alcance
todo o potencial produtivo da sua equipe*

TRADUÇÃO Ada Felix

SÃO PAULO, 2017

Tempo, talento, energia: Supere as amarras organizacionais
e alcance todo o potencial produtivo da sua equipe
Time, Talent, Energy: Overcome Organizational Drag & Unleash Your Team's Productive Power

Original work copyright © 2017 Bain & Company
Published by arrangement with Harvard Business Review Press

EDITORIAL
João Paulo Putini
Nair Ferraz
Rebeca Lacerda
Renata de Mello do Vale
Talita Wakasugui
Vitor Donofrio

TRADUÇÃO
Ada Felix

PREPARAÇÃO EDITORIAL
Bain & Company

REVISÃO
Equipe Novo Século

DESIGN DE CAPA
Stephani Finks

DIAGRAMAÇÃO E ADAPTAÇÃO DE CAPA
João Paulo Putini

Texto de acordo com as normas do Novo Acordo Ortográfico da Língua Portuguesa (1990), em vigor desde 1º de janeiro de 2009.

Dados Internacionais de Catalogação na Publicação (CIP)

Mankins, Michael
Tempo, Talento, Energia: supere as amarras organizacionais e alcance todo o potencial produtivo da sua equipe
Michael Mankins, Eric Garton ; tradução de Ada Felix.
Barueri, SP: Novo Século Editora, 2017.

Título original: Time, Talent, Energy: Overcome Organizational Drag & Unleash Your Team's Productive Power

1. Administração 2. Negócios 3. Eficiência organizacional
4. Cultura organizacional 5. Administração de pessoal
I. Título II. Garton, Eric III. Felix, Ada

17-0976   CDD-658.4022

Índice para catálogo sistemático:
1. Trabalho em equipe : Liderança 658.4022

NOVO SÉCULO EDITORA LTDA.
Alameda Araguaia, 2190 – Bloco A – 11º andar – Conjunto 1111
CEP 06455-000 – Alphaville Industrial, Barueri – SP – Brasil
Tel.: (11) 3699-7107 | Fax: (11) 3699-7323
www.gruponovoseculo.com.br | atendimento@gruponovoseculo.com.br

SUMÁRIO

PRÓLOGO — **7**
Os recursos verdadeiramente escassos

1 O poder produtivo de uma organização — **15**
– e como liberá-lo

PRIMEIRA PARTE
TEMPO

2 Libere o tempo da organização — **41**

3 Simplifique o modelo operacional — **63**

SEGUNDA PARTE
TALENTO

4 Encontre e desenvolva "fazedores de diferença" — **91**

5 Crie e ponha em ação equipes só de astros — **123**

TERCEIRA PARTE
ENERGIA

6 Busque inspiração (não só engajamento) — **143**

7 Crie uma cultura vencedora — **173**

EPÍLOGO — **199**
O círculo virtuoso

Notas — **209**

Agradecimentos — **217**

Sobre os autores — **219**

PRÓLOGO

OS RECURSOS VERDADEIRAMENTE ESCASSOS

MUITAS EMPRESAS CONTINUAM vivendo no mundo de ontem. Estão buscando vantagem competitiva com métodos tradicionais. E, além de não estar encontrando, estão perdendo a principal oportunidade de melhorar o desempenho e bater as concorrentes.

O que queremos dizer com isso?

A estratégia é a arte e a ciência da alocação de recursos. Os responsáveis por traçar a estratégia são, em última instância, o CEO e a cúpula gestora. Logo, a marca de um grande líder é a capacidade de alocar os escassos recursos da empresa para vencer as rivais.

Durante a maior parte dos últimos 50 anos, a grande obsessão de executivos foi o capital financeiro. Como o dinheiro era escasso, quem conseguisse obter esse recurso e colocá-lo para trabalhar do modo mais eficaz provavelmente sairia ganhando. Empresas como General Electric e Berkshire Hathaway eram louvadas pela disciplina com a qual empregavam o capital. A famosa matriz de crescimento e participação de mercado do Boston Consulting Group colocou a alocação do capital no centro da estratégia da empresa (e instava executivos a explorar ao máximo as "vacas leiteiras" da empresa para bancar o crescimento das "estrelas"). Ainda hoje, muito do raciocínio sobre fusões e aquisições é fundado na escassez relativa e no alto custo do capital financeiro: se a empresa gastar demais em sua próxima grande aquisição, diz a teoria, suas ações vão cair. Em suma, a gestão disciplinada do capital era fundamental para o sucesso da empresa.

Mas o mundo mudou.

Hoje, o capital financeiro é abundante e barato. Nossos colegas no setor de Macro Trends da Bain & Company calculam que o capital global total mais do que triplicou nas duas últimas décadas, equivalendo hoje a cerca de dez vezes o PIB mundial.[1] À medida que o capital foi crescendo, seu custo despencou. Para muitas empresas de grande porte, o custo do crédito, já descontados impostos, está abaixo da inflação – o que significa um custo real próximo de zero. Qualquer empresa razoavelmente rentável pode facilmente obter o capital de que precisa para comprar mais equipamentos, financiar o desenvolvimento de novos produtos, entrar em outros mercados ou até adquirir outras empresas. É claro que a equipe gestora precisa administrar o capital com tanto cuidado quanto antes, pois não fazê-lo é atirar no próprio pé. Mas, hoje em dia, a alocação do capital financeiro não é mais fonte de vantagem competitiva.

Quais são os recursos escassos de hoje, as novas fontes dessa vantagem? Para a maioria das empresas, os recursos verdadeiramente escassos são o *tempo*, o *talento* e a *energia* das pessoas e as ideias que esses indivíduos têm e implementam. Afinal, uma única grande ideia pode colocar uma empresa lá no alto por anos a fio – é só pensar na Apple e o iPhone, na Netflix e a decisão de produzir conteúdo original ou até no Facebook e seu "curtir". No dia a dia, um monte de ideias boas, ainda que menores, pode garantir que a empresa deixe para trás as concorrentes. Mas ideias não se materializam do nada: são o produto de indivíduos e equipes que têm tempo para trabalhar de forma produtiva, têm o conhecimento necessário para fazer diferença e trazem criatividade e entusiasmo para o trabalho. Na atual era, no admirável mundo novo do capital financeiro farto e de custo quase zero, o que distingue as melhores empresas de todo o resto é a capacidade de seus líderes de administrar o capital humano em seu sentido mais amplo – ou seja, as pessoas e ideias que produzem resultados. Quanto mais gente de talento uma empresa atrai, maior sua capacidade de utilizar o tempo desses indivíduos em missões que agreguem valor; e quanto mais energia essas pessoas trazem para o local de trabalho, maior a qualidade de suas ideias e a quantidade dos resultados que produzem.

Assim como no passado certas empresas jogavam capital financeiro fora devido a decisões equivocadas, muitas empresas hoje desperdiçam o precioso recurso que é o tempo, o talento e a energia – quase sempre involuntariamente. Lançam novos produtos, abrem novos mercados e compram novas empresas, por exemplo. Ou crescem e passam a ser uma companhia global, ganhando no caminho estruturas novas, gestão profissional, mecanismos de controle, processos e políticas. Mas, então, começam a sentir o que chamamos de *fardo organizacional*. A complexidade da estrutura cresce com cada novo produto, mercado e negócio, inflando custos e desacelerando a tomada de decisões. Quando vê, as pessoas estão perdendo tempo em interações internas desnecessárias, reuniões improdutivas e comunicações eletrônicas dispensáveis. A organização impede que o trabalho seja feito. Pouca gente, afinal, consegue ter grandes ideias quando prisioneira de um sem-fim de reuniões e procedimentos burocráticos.

E, mesmo quando minimiza esse fardo, a empresa pode estar usando o talento – isoladamente e em equipe – de um jeito que prejudica o desempenho. É possível, por exemplo, que distribua seus melhores talentos uniformemente pela organização, em vez de concentrá-los onde possam ter o maior impacto na estratégia e no desempenho. Essa abordagem igualitária à gestão de talentos pode parecer justa e até admirável, mas raramente produz grandes resultados. É que não tira total proveito do efeito multiplicador que grandes equipes podem ter na geração e na implementação de ideias.

Há, por último, aquele fator intangível que chamamos de energia – ou seja, o entusiasmo e o comprometimento que as pessoas levam para o trabalho. Uma cultura e um ambiente de trabalho disfuncionais sugam energia de todos, desanimando a equipe e interferindo na produtividade. Sem motivar a maioria dos funcionários e inspirar pelo menos alguns deles, não há empresa capaz de produzir reiteradamente grandes ideias e grandes resultados.

Os melhores CEOs de hoje são grandes administradores desses escassos recursos. E, assim como organizações que investiam o capital financeiro de modo mais sagaz do que as rivais tinham resultados melhores antigamente, empresas que administram o tempo, o talento e a energia mais bem do que as demais são as vitoriosas na briga pelo mercado hoje.

A Netflix, por exemplo, não chegou onde está só porque tinha um modelo de negócios melhor que o da Blockbuster. Chegou ao topo e lá permanece porque sabe atrair, reter e utilizar satisfatoriamente muitas das melhores cabeças da área. "A melhor coisa que se pode fazer pelos trabalhadores – um benefício maior do que uma mesa de pebolim ou sushi de graça – é contratar apenas 'A players' para trabalhar a seu lado", declarou Patty McCord, diretora de talentos da empresa de 1998 a 2012. "Colegas excelentes superam qualquer coisa." A Netflix contrata "adultos totalmente desenvolvidos" – indivíduos autossuficientes "que se sentem responsáveis pela empresa, sabendo que exercerão critério e [terão] responsabilidades". A empresa não tem uma política oficial de férias e nem de despesas de viagem. Tampouco faz avaliações formais, pois crê que geram burocracia desnecessária. O que faz é promover um diálogo contínuo, aberto e honesto sobre o desempenho. Graças à força dos talentos da casa, a Netflix conseguiu mudar o modelo de negócios e fortalecer sua posição de liderança nos últimos dez anos.[2]

Outro exemplo é o da DaVita, uma líder em serviços de diálise que estava à beira da falência em 1999. Um novo CEO, Kent Thiry, criou uma cultura que engaja e inspira milhares de funcionários da linha de frente, liberando uma torrente de energia e ideias que redefiniram o modo como a empresa opera. "Vamos inverter os fins e os meios desse negócio", disse Thiry logo de partida. "Somos, primeiro, uma comunidade – e só então uma empresa." Na comunidade DaVita – que hoje já tem quase duas décadas –, funcionários são colegas de equipe ou cidadãos. Thiry é o "prefeito". Gente que faz mais do que a mera obrigação pelos pacientes é reconhecida e celebrada. O "animadíssimo encontro nacional [da DaVita], no qual milhares de funcionários festejam premiações, lamentam a morte de pacientes e se conectam com o lado emocional do trabalho, é algo realmente impressionante", observa um artigo na *Harvard Business Review*. Thiry faz questão de reforçar a sensação de que as pessoas pertencem à empresa e são responsáveis por ela; em geral, encerra esses encontros fazendo a pergunta "De quem é a empresa?" – ao que a plateia responde: "Nossa!". Desde que Thiry assumiu o comando, o valor de mercado da DaVita subiu de US$ 200 milhões para a cifra atual de mais de US$ 13 bilhões.[3]

E há, por fim, a Anheuser-Busch InBev (AB InBev), a gigantesca cervejaria. Estamos falando de uma empresa imensa, uma líder mundial num setor maduro – exatamente o tipo de organização que, supõe-se, estaria asfixiado pela burocracia e por procedimentos que arrasam a produtividade. Mas não. O CEO Carlos Brito e sua equipe de liderança agem sistematicamente para eliminar fontes de burocracia e perda de tempo. Trabalham em torno de uma mesma mesa, diminuindo entraves a conversas informais, cara a cara, e à tomada de decisões. Ali, a informação não vai subindo por silos organizacionais, sendo examinada por várias camadas de executivos até ser consolidada lá no alto. Em vez disso, todo mundo tem acesso rápido e fácil aos dados de que precisa para tomar decisões. E é assim na organização inteira. A cultura da AB InBev desencoraja o uso interno de e-mail. Incentiva a comunicação em pessoa e pequenas reuniões espontâneas estruturadas para discussão, não para apresentações. Não surpreende que na AB InBev pouquíssimo tempo seja desperdiçado.[4]

Como sugerem esses exemplos, há um mundo de diferença entre a nata das empresas – as melhores na gestão do tempo, do talento e da energia – e todas as demais: como mostraremos no capítulo 1, o poder produtivo do primeiro quartil é mais de 40% superior ao da média dos três quartis inferiores. É uma enorme vantagem – que se traduz em margens de lucro operacional significativamente maiores, em geral 30% a 50% mais altas do que a média dos respectivos setores. Como essa diferença vai sendo acumulada, o vão entre as melhores e todo o resto aumenta a cada ano. No decorrer de uma década, a empresa média do quartil superior tem capacidade organizacional para produzir *mais de 30 vezes* o que produz a empresa média no grupo inferior (veja Figura P-1).

Infelizmente, a maioria das empresas ainda não fez essas mudanças. Continuam seguindo procedimentos rigorosos para administrar o capital financeiro, como deveriam. Definem muito bem taxas mínimas de retorno e exigem argumentos convincentes para qualquer investimento novo. Não raro, no entanto, deixam de administrar os recursos verdadeiramente escassos do tempo, do talento e da energia com o mesmo rigor. Muitas ignoram como seus líderes e funcionários usam o tempo que passam no trabalho. Podem até contratar gente talentosa, mas não utilizam bem essas pessoas – nem individualmente, nem em equipe. Tampouco conseguem engajar e inspirar o trabalhador, o que significa que recebem praticamente nada da imensa energia e do esforço discricionários que as pessoas podem levar para o trabalho. Quando enfrentam problemas, sua primeira (e, às vezes, única) reação é cortar funcionários, medida que por si já costuma derrubar o moral. A produtividade cai na mesma medida.

FIGURA P-1

Em dez anos, produção de empresas do primeiro quartil supera em mais de 30 vezes a das demais

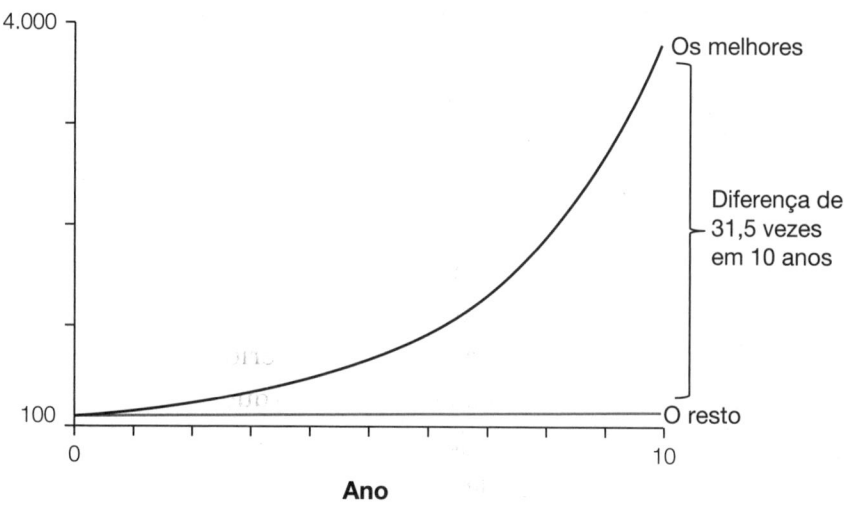

Fonte: Bain/pesquisa EIU (N=308)

Este livro mostra como mudar. Mostra como administrar o tempo, o talento e a energia da organização com o mesmo rigor empregado na gestão do capital financeiro. Mostra como aumentar a produtividade das pessoas em vez de simplesmente cortar custos. É, primordialmente, um livro voltado a CEOs e a outros executivos graduados – que são, em última instância, os responsáveis pela alocação dos escassos recursos que descrevemos. Mas é, também, para líderes no restante da organização – líderes de unidades de negócios, de departamentos ou de equipes, por exemplo –, muitos dos quais podem tomar medidas imediatas para administrar esses recursos de modo a aumentar a produtividade. As transformações que este livro recomenda são desafiadoras, mas a recompensa costuma ser um acréscimo de 30% a 40% no poder produtivo da organização. Essa vista do alto vale a escalada.

Para nós, o primeiro passo para entender essas imensas possibilidades está em uma observação curiosa sobre velocidade, como veremos agora no capítulo 1.

1
O PODER PRODUTIVO DE UMA ORGANIZAÇÃO – E COMO LIBERÁ-LO

HOJE EM DIA, é comum ouvir que o mundo dos negócios se move a uma velocidade vertiginosa. E, sob certos aspectos, é verdade. Tecnologias das mais diversas evoluem depressa. Empresas há muito estabelecidas são desbancadas por novatas arrojadas. A lista de exemplos é bem conhecida.

Mas quem passa um tempo nas sedes de aço e vidro da maioria das grandes corporações sai impressionado com um fenômeno totalmente distinto. Esqueça termos como "vertiginoso", "velocidade da internet" e qualquer outra metáfora para rapidez. Ali dentro, as coisas andam *devagar*. Reuniões se arrastam. E-mails se acumulam sem resposta. Atrasos são endêmicos. Decisões são adiadas. Naturalmente, todos parecem absurdamente ocupados. Fitam intensamente a tela do computador e digitam furiosamente no teclado. Fazem reunião após reunião e chamada após chamada, em geral comendo às pressas na própria mesa. Passam longas horas colaborando com colegas que podem estar do outro lado do mundo, o que talvez signifique chegar mais cedo ou sair mais tarde. Mas sua produção, o trabalho que realmente fazem, é bem menor do que deveria ser.

Aqui, economistas apontariam para dados indicando que o crescimento da produtividade como um todo diminuiu sensivelmente de 2007 para cá, mal acompanhando o ritmo da inflação em alguns setores.[1] A produtividade do trabalho de escritório provavelmente é parte dessa tendência decrescente, embora não possamos dizer ao certo, pois ninguém mantém estatísticas separadas para trabalhadores de escritório. Não que alguém precise de estatísticas para saber que algo vai mal no mundo corporativo. Fale com qualquer executivo sobre a força de trabalho da empresa à qual pertence e provavelmente você ouvirá algo do gênero:

> *"Supõe-se que temos gente espetacular aqui na empresa, mas com base nos nossos resultados ninguém diria."*

> *"O tempo das pessoas é muito mal aproveitado. É um tal de reunião, e-mail, mensagens – uma loucura."*

> *"Contratamos gente formidável, mas, depois de um tempo aqui, a impressão é que perdem a garra."*

> *"Tem burocracia demais na empresa, ninguém consegue fazer seu trabalho."*

E não é só do alto que partem as queixas. Funcionários da linha de frente e gerentes de nível médio revelam que são constantemente impedidos – pelos procedimentos e normas da empresa, pelas reuniões intermináveis e pelo sem-fim de e-mails, por todas as camadas de gestão que os separam tanto do líder da unidade como do cliente. Um refrão muito repetido é: "Não dá para fazer nada aqui". A impressão é que há um vão intransponível entre o que indivíduos de todo os níveis acham que deviam estar produzindo e o que realmente conseguem fazer.

Os poucos dados que existem corroboram a imagem da organização patinando no lugar. Segundo estudos recentes da firma de pesquisa e consultoria americana CEB, o tempo e o esforço exigidos para a execução de muitas das tarefas cruciais de uma empresa aumentaram consideravelmente entre 2010 e 2015. Em 2015, a contratação de um funcionário consumia 63 dias (eram 42 apenas cinco anos antes). Concluir um projeto interno de TI levava mais de dez meses (e menos de nove em 2010). Fechar um contrato de vendas B2B demorava 22% mais do que cinco anos antes. E, em muitos casos, não foi só o tempo gasto que aumentou: o número de gente necessária para executar essas tarefas também subiu.[2]

As implicações para a economia são imensas. Estimativas de Gary Hamel e Michele Zanini – dois especialistas em administração – sugerem que a burocracia corporativa custa à economia americana mais de US$ 3 trilhões ao ano. Com base em dados do Bureau of Labor Statistics dos Estados Unidos, Hamel e Zanini calculam que haja uma gordura de 12,5 milhões de supervisores onerando a economia do país e minando a produtividade da força de trabalho. Fora isso, estimam que possa haver até 8,9 milhões de subordinados executando tarefas burocráticas de valor duvidoso para esses superiores. Remanejar esse contingente de 21,4 milhões de pessoas para atividades que gerem valor poderia, pelos cálculos de Hamel e Zanini, somar US$ 3 trilhões ou mais ao PIB anual dos Estados Unidos. Burocracia parecida afeta o desempenho do Reino Unido, da Alemanha e da maioria das demais economias desenvolvidas.[3]

Hoje, portanto, a empresa enfrenta uma nova forma de ameaça estratégica. De um lado, o meio externo está acelerando. Um mundo digital em rápida transformação é o ambiente perfeito para que empresas novas e ágeis destronem incumbentes morosas. De outro, o metabolismo de muitas empresas estabelecidas está ficando mais lento. Uma organização incapaz de tomar decisões e agir com rapidez fica bastante vulnerável. O risco é que acabe comendo poeira, ultrapassada por concorrentes mais enxutas, mais ágeis e mais inovadoras.

Eis, portanto, a situação: gente talentosa chega todo dia para trabalhar, mas, uma vez na empresa, algo impede que faça tanto quanto acreditava que poderia ou deveria fazer. Esse "algo", a nosso ver, é uma espécie de fardo organizacional: um conjunto de fatores institucionais que interferem na produtividade, mas, por algum motivo, não são combatidos. O fardo organizacional desacelera tudo, diminuindo a produção e aumentando os custos. Suga a energia e derruba o ânimo. Interfere na atividade dos executivos e dos funcionários mais qualificados, incentivando a postura do "para que me esforçar?". Quase toda empresa que estudamos perde, em graus distintos, parte considerável da capacidade produtiva da força de trabalho devido a esse fardo. Chegou a hora de enfrentar sem rodeios esse inimigo da produtividade.

AS *OUTLIERS*

Por mais corriqueiras que fossem, essas constatações nos colocavam diante de um enigma. É que sabíamos que as coisas não tinham necessariamente que ser assim.

Temos, os dois, uma experiência somada de quase 50 anos em consultoria – boa parte dela na Bain & Company – e já trabalhamos com centenas de organizações de grande porte. Nesse tempo, tivemos contato com várias empresas que descobriram o segredo da produtividade do capital humano – tanto clientes como outras companhias. Assim como a AB InBev, são empresas que não deixam ninguém perder tempo. Aliás, criam uma série de ferramentas e procedimentos que eliminam a burocracia e incentivam a rapidez no agir. Assim como a Netflix, atraem gente espetacular e fazem o uso mais produtivo possível do talento. Assim como a DaVita, engajam e até inspiram os funcionários. Em quase todo setor, é possível achar *outliers* como essas: Nordstrom no varejo, Ford na manufatura, Spotify e Salesforce.com na economia digital.

Como explicar a diferença entre empresas fora de série e as demais? Para achar a resposta, embarcamos em um estudo longitudinal de organizações. Conduzimos uma série de auditorias organizacionais em 25 empresas globais. Fizemos uma sondagem de gestores para descobrir que aspectos, a seu ver, mais afetavam a produtividade de sua respectiva empresa. Cotejamos os recursos de cada organização com os de empresas de referência para determinar se tinham as pessoas, as tecnologias e os processos necessários para executar a estratégia de forma eficiente e eficaz. Utilizamos *people analytics*, *data mining* e outras ferramentas para avaliar como essas organizações usavam seu tempo coletivo. Esmiuçamos agendas, e-mails, mensagens, *crowdsourcing* e outros dados, compilando e analisando as implicações para cada empresa. Também examinamos informações externas de fontes como Gallup e Glassdoor para ver como as pessoas descreviam o que era trabalhar em determinada empresa e, com isso, avaliar o nível de engajamento e *advocacy* da força de trabalho de cada companhia.

Parte dessa pesquisa levou a artigos na *Harvard Business Review* e em outros meios. Já em 2004, Michael Mankins dizia a altos líderes: "Pare de perder um tempo precioso" (Setembro 2004). Mais recentemente, Michael e sócios da Bain escreveram sobre como a maioria das empresas usa e (infelizmente) desperdiça o precioso tempo de seus funcionários no artigo "Seu recurso mais escasso" (Maio 2014). Michael e outros sócios da Bain também estudaram o impacto da composição de equipes (o *teaming*) e da utilização de funcionários (o *deployment*) na produtividade e no desempenho, mostrando como as melhores empresas passam "De grandes profissionais a grandes equipes" (Fevereiro 2013). A popularidade dessas ideias entre leitores levou a uma série de artigos para o site da HBR, incluindo "Engaging Your Employees Is Good, But Don't Stop There" (Dezembro 2015). Mas havia mais por fazer: como queríamos estudar e quantificar o impacto geral da gestão do capital humano sobre o poder produtivo de uma empresa, pedimos que a Economist Intelligence Unit, a divisão B2B do The Economist Group, fizesse uma sondagem de mais de 300 executivos de empresas de grande porte ao redor do mundo.

Essa pesquisa esmiuçou a avaliação que cada participante fez das práticas de sua respectiva empresa. Partimos com perguntas básicas como "Quantas horas por semana trabalha um típico funcionário de sua organização?" e "Em média, quanto trabalho é feito por teleconferência e/ou videoconferência?". Em seguida, pedimos que apontassem pontos fortes e deficiências da organização, com perguntas como: "Quanto do poder produtivo de sua organização se perde devido à qualificação inadequada dos funcionários, a um *teaming* e *deployment* ruins ou a uma fraca liderança?", "Quanto se perde devido à automação insuficiente ou à colaboração ineficaz?", "Você observa diferenças de produtividade entre funcionários meramente satisfeitos e gente que parece verdadeiramente engajada ou inspirada?". Também pedimos aos participantes que indicassem melhores práticas que porventura tivessem instituído para aumentar a produtividade dos quadros. Concluída a pesquisa, cotejamos os resultados com a experiência de nossos clientes nos últimos 30 anos.

SEGREDO ESTÁ NA ORGANIZAÇÃO

Se tivéssemos de resumir a premissa deste livro em poucas frases, diríamos mais ou menos o seguinte: o funcionário não tem culpa de não ser tão produtivo quanto poderia ou deveria ser – a culpa é da organização. A produtividade da força de trabalho é, acima de tudo, um problema organizacional – que requer, portanto, soluções organizacionais. A menos que identifique e elimine os obstáculos organizacionais que impedem que o trabalho seja feito, a empresa jamais terá grandes resultados.

O poder produtivo de uma organização

Para entender o que isso significa, é preciso partir do básico. Uma organização é uma somatória de indivíduos com habilidades e talentos singulares. É, também, uma somatória de horas – ou seja, o tempo que esses indivíduos dedicam à empresa. Esses dois recursos são inerentemente escassos. Talento? Mão de obra há de sobra – mas achar líderes talentosos é difícil e montar uma força de trabalho qualificada pode levar décadas. O tempo é um bem ainda mais escasso, já que não há dinheiro no mundo que compre um dia de 25 horas. Já a energia – a dedicação, o foco e a criatividade que um funcionário aplica a cada hora que passa no trabalho – vai ser pequena se a pessoa estiver desanimada ou frustrada, achando que não está saindo do lugar. Quem sente que pode realizar grandes coisas normalmente traz muita energia. Quanto mais energia a pessoa aplica ao trabalho, maior a qualidade daquilo que produz.

Juntos, esses três fatores – tempo, talento e energia – determinam o poder produtivo de uma organização: sua capacidade de produzir algo com um determinado número de pessoas. O que empresas fora de série entendem é o seguinte: é preciso *administrar* todos esses recursos para produzir grandes resultados. Essa tarefa é diferente de simplesmente contratar gente boa ou impedir o inchaço dos quadros, pois uma organização é muito mais do que indivíduos executando tarefas específicas de acordo com um cronograma preestabelecido. Para liberar o poder produtivo dos trabalhadores de uma empresa é preciso encarar a organização em sua totalidade. Ninguém investiria o próprio capital financeiro sem um plano geral e uma análise que indique como cada investimento se encaixa nesse plano. O mesmo vale para o capital humano e organizacional: é preciso olhar para o todo. E é preciso investir de um jeito que ajude a mudar a organização inteira em vez de tentar remediar um ou outro aspecto do problema.

Por mais intuitiva que essa abordagem possa ser, na prática ninguém pensa no desempenho dessa forma. A maioria da pesquisa e do conteúdo sobre produção e produtividade é voltada àquilo que um trabalhador pode fazer, no plano individual, para melhorar sua produtividade – ou em medidas que uma empresa pode tomar para ser mais eficiente. Embora muitos desses conselhos sejam úteis, seus efeitos em geral são limitados pela organização. Funcionários são instados a adotar hábitos de gente altamente eficaz, por exemplo, mas normalmente recebem pouquíssima orientação sobre como agir quando essas práticas batem de frente com os hábitos da organização. Executivos aprendem a reestruturar e a reinventar para aumentar a eficiência – mas não a mudar os fatores culturais que costumam ter mais impacto na produção do que os processos em si. E, obviamente, muita atenção se dá à gestão de talentos. Mas muitas técnicas comuns para identificar, avaliar, desenvolver, utilizar e montar equipes de talentos que façam diferença são fundadas em práticas de recursos humanos obsoletas, que se mostraram incapazes de produzir os resultados esperados. Frustrados com essas ferramentas, alguns executivos armaram uma rebelião – expressa em uma série de artigos que explicam "por que amamos odiar o RH". O que sobra disso tudo, no entanto, é uma espécie de "execute – ou seja executado": se um profissional de alta performance não consegue cumprir uma meta hercúlea, superando uma série de obstáculos organizacionais, executivos são orientados a trocá-lo por alguém que dê conta do recado.

QUANTIFICANDO AS POSSIBILIDADES

Os resultados da pesquisa nos permitiram criar um modelo quantitativo de três áreas cruciais: quanto poder produtivo a empresa perde para o fardo organizacional? Quanto dessa perda pode ser compensado por uma boa gestão de talentos? E quanta capacidade produtiva é possível acrescentar com o aproveitamento da energia discricionária da equipe? Isso permitiu que medíssemos o vão entre as empresas de maior sucesso e as de desempenho médio. Nosso modelo mostra o retrato geral que, a nosso ver, toda organização deve considerar. Permite, ainda, que façamos uma estimativa dos efeitos numéricos dos distintos fatores envolvidos, para determinar se realmente vale a pena investir para mudar as coisas. Os dados são baseados em estimativas feitas pelos próprios participantes e, portanto, devem ser vistos com certa cautela. De modo geral, contudo, os resultados da pesquisa batem com estimativas feitas com base em nossa própria experiência. Conferem, também, com estudos específicos de produtividade feitos tanto por nossos colegas na Bain como por clientes. E são, sem dúvida, um indicador do desafio que uma empresa tem de enfrentar ao considerar a reinvenção da organização para liberar a produtividade da força de trabalho.

Em linhas gerais, o que descobrimos foi o seguinte:

Fardo organizacional traz perda de tempo e produtividade. A empresa média perde mais de 20% do poder produtivo para o fardo organizacional – a somatória de práticas, procedimentos e estruturas que consomem tempo indevidamente e limitam a produção. O fardo organizacional é uma força inevitável e, às vezes, invisível que desacelera o metabolismo da empresa e afeta sua saúde. É uma doença crônica como a pressão alta: se não for controlada, vai causar estragos. Devido ao fardo organizacional, a maioria das empresas tem um déficit de produtividade. Ou seja, produz bem menos do que poderia ou deveria.

Na prática, esse déficit pode ser consideravelmente maior que 20%. Em nosso trabalho com clientes, por exemplo, é comum vermos que 25% ou mais do tempo de um típico supervisor de linha é perdido *em reuniões ou comunicações eletrônicas desnecessárias*. Se for esse supervisor, você está perdendo mais de um dia por semana em interações absolutamente dispensáveis. Está em reuniões que não deviam ter sido marcadas ou para as quais não devia ter sido chamado. Está respondendo a e-mails que não deviam ter sido enviados ou que não deviam ter ido parar na sua caixa de entrada.

Uma boa gestão de talentos pode compensar parte da produtividade perdida para o fardo organizacional. Em uma reação aparentemente instintiva, muitas empresas tentam compensar a perda do poder produtivo contratando, desenvolvendo e retendo talentos melhores – e utilizando esse talento de um jeito que aumente a produtividade. Descobrimos, contudo, que a gestão de talentos, isoladamente, ajuda a empresa típica a compensar menos de metade do poder produtivo perdido devido ao fardo organizacional.

É claro que grandes talentos – um indivíduo consideravelmente mais capacitado ou inspirador do que outros – são muito mais produtivos do que gente mediana ou medíocre. Portanto, não é de estranhar que as melhores empresas do estudo tenham uma proporção de gente de primeira ligeiramente superior à média. Mas, fora isso, vimos que as empresas com o melhor desempenho concentram seus melhores talentos em funções críticas. Na prática, essas empresas têm mais "fazedores de diferença" e instalam esses indivíduos excepcionais em postos nos quais terão o maior impacto sobre o desempenho da empresa.

Além disso, as empresas mais produtivas de todas são bem mais disciplinadas na hora de montar e utilizar equipes. São empresas sem medo de criar equipes só de astros quando diante de iniciativas *mission-critical*. Tomam providências para garantir que toda equipe possa colaborar de forma eficiente e eficaz para fazer o que for necessário. Em suma, as *outliers* reconhecem que o *teaming* é mais importante do que simplesmente contratar grandes talentos, pois o grosso do trabalho é feito em equipe.

Pessoas engajadas e inspiradas podem compensar mais da perda de produtividade. A maioria das empresas tenta a todo custo engajar os funcionários. Algumas buscam até inspirar os trabalhadores. A esperança, com isso, é liberar a energia discricionária que as pessoas trazem para o trabalho.

E funciona: essas medidas em geral têm um impacto tremendo na produtividade. Nossa pesquisa sugere que um funcionário satisfeito com o trabalho é 40% mais produtivo do que um insatisfeito. Um funcionário engajado, por sua vez, é 44% mais produtivo do que um trabalhador satisfeito, ao passo que um funcionário que se sinta inspirado no trabalho é quase 125% mais produtivo do que um meramente satisfeito. Em suma, uma organização precisaria de cerca de 2,25 funcionários satisfeitos para produzir o mesmo que um único trabalhador inspirado. Quanto maior o percentual de funcionários engajados e inspirados nos quadros da organização, maior será seu poder produtivo.

Como dissemos lá atrás, tempo, talento e energia explicam, juntos, o poder produtivo de uma organização. Empresas preocupadas com sua organização terão, contudo, de enfrentar uma dura realidade: o poder produtivo que toda empresa – à exceção das melhores – perde devido ao fardo organizacional é tamanho que a gestão de talentos e o engajamento dos funcionários mal conseguem compensar a perda.

ÍNDICE DO PODER PRODUTIVO

Para entender as grandezas envolvidas, é útil pensar no poder produtivo de uma organização como um índice. Partimos da tese de que uma empresa começa com 100: a produção que deveria gerar com um mix médio de funcionários em grande medida satisfeitos e capazes de dedicar 100% do seu tempo a um trabalho produtivo. É a primeira linha na Figura 1-1.

Partindo dessa base de 100, subtraímos o poder produtivo perdido para o fardo organizacional – todos os fatores que representam tempo jogado fora e impedem que os funcionários sejam tão produtivos quanto poderiam ser. Essa é a linha seguinte na Figura 1-1. Como vemos, a empresa média perde 21% de seu poder produtivo para o fardo organizacional. Com isso, o índice cai para 79.

Somemos agora os ganhos (ou perdas) trazidos à organização pelo mix de talentos, por práticas de colaboração e por abordagens de *teaming* e *deployment*. Na empresa típica, a gestão de talentos devolve 10 pontos ao índice, que com isso sobe para 89.

FIGURA 1-1

Na empresa média, a gestão de talentos e energia mal conseguem compensar o efeito negativo do fardo organizacional

Índice do poder produtivo: empresas nos três quartis inferiores (%)

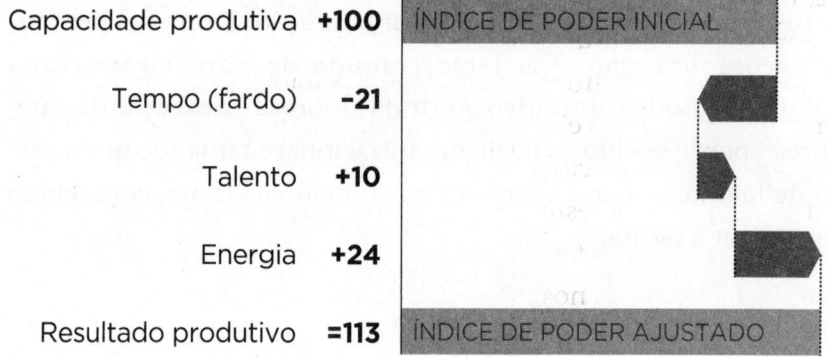

Capacidade produtiva	+100
Tempo (fardo)	−21
Talento	+10
Energia	+24
Resultado produtivo	=113

Fonte: Bain/pesquisa EIU

Por último, adicionamos (ou subtraímos) o impacto na produtividade de ter mais (ou menos) funcionários satisfeitos, engajados e inspirados. É um fator importantíssimo: a empresa média ganha outros 24 pontos graças ao grau de engajamento dos funcionários. Isso posto, vejamos o resultado final. A empresa média

O poder produtivo de uma organização

mal consegue sair do lugar: seu índice do poder produtivo é de 113 – quando o ponto de partida era 100.

Examinemos agora a diferença entre as melhores – o quartil superior da amostra de nossa pesquisa – e as demais empresas (ou seja, a média dos outros três quartis). A distância é impressionante e é um bom indicador de como empresas de destaque como Netflix ou AB InBev superam a concorrência por contar com uma organização melhor.

Observe atentamente o gráfico superior da Figura 1-2. Usando o mesmo método da Figura 1-1, calculamos o efeito do fardo organizacional, da gestão de talentos e da energia gerada pelos níveis de engajamento e inspiração na empresa. Como mostra o gráfico, nos três quartis inferiores da nossa amostra a gestão do tempo, do talento e da energia produz um índice do poder produtivo de apenas 102. É claro que há gente talentosa nessas empresas. Mas a organização impede seu avanço e os líderes da empresa não conseguem compensar esse efeito nem com uma gestão melhor de talentos, nem com níveis mais elevados de engajamento e inspiração.

Já no quartil superior a coisa é bem diferente, como indicado no gráfico inferior da mesma figura. As empresas desse grupo perdem muito menos para o fardo organizacional: somente 13 pontos, em comparação com 24 nos outros três quartis. Além disso, compensam muito mais dessa perda por meio do talento e da energia. Essas empresas têm gente melhor. São mais eficazes na hora de montar equipes e utilizar esses indivíduos e promovem uma melhor colaboração. Também engajam e inspiram o pessoal a investir mais de sua energia discricionária no sucesso da empresa. Por isso conseguem gerar um índice de poder produtivo de 144 – mais de 40% acima da média dos outros três quartis.

FIGURA 1-2

As melhores – e o resto

Índice de poder produtivo: empresas nos três quartis inferiores (%)

Capacidade produtiva +100 ÍNDICE DE PODER INICIAL
Tempo (fardo) -24
Talento +4
Energia +22
Resultado produtivo =102 ÍNDICE DE PODER AJUSTADO

Índice do poder produtivo: empresas no quartil superior (%)

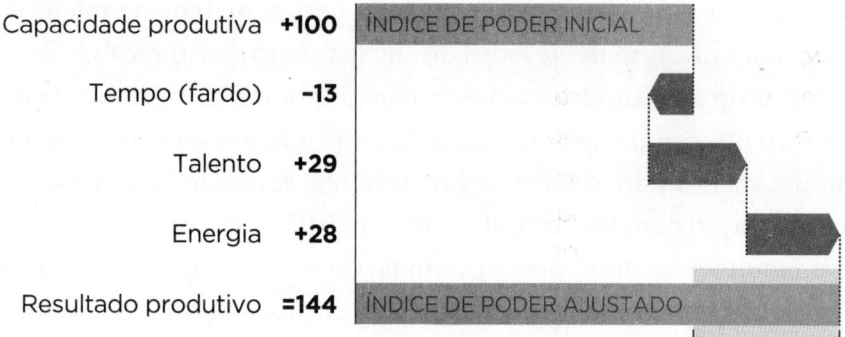

Capacidade produtiva +100 ÍNDICE DE PODER INICIAL
Tempo (fardo) -13
Talento +29
Energia +28
Resultado produtivo =144 ÍNDICE DE PODER AJUSTADO

As melhores conseguem produzir 1,4 vez mais com os mesmos recursos, diferença que é capitalizada anualmente.

Fonte: Bain/pesquisa EIU

Resumindo, as melhores empresas são, de novo, quase 50% mais produtivas do que o resto, simplesmente devido ao modo como administram os recursos mais escassos da organização: tempo, talento e energia. Quando chega a hora do almoço na quinta-feira, essas empresas já fizeram mais do que as outras vão conseguir fazer a semana inteira – e com mais qualidade. E não precisam se preocupar em enxugar os quadros para aumentar a eficiência, pois já são bastante produtivas. Ano após ano, batem a concorrência. O prêmio por isso tudo é enorme.

QUÃO PRODUTIVA É SUA ORGANIZAÇÃO?

O instrumento de diagnóstico a seguir vai ajudá-lo a fazer uma rápida avaliação qualitativa do poder produtivo de sua organização e dos fatores que mais o afetam. Não foi pensado para ser uma avaliação em profundidade do tempo, talento e energia, mas apenas para servir como um indicador. Para um diagnóstico completo da empresa, visite nosso site: www.timetalentenergy.com.

TEMPO
O termo "resultado produtivo", tal como definido aqui, significa todo trabalho feito pelos funcionários para atingir objetivos específicos que produzam resultados para a empresa. Se trabalhassem de forma produtiva e eficiente durante 100% do tempo, seus funcionários gerariam um resultado produtivo de 100%. Na vida real, um trabalhador normalmente sofre restrições que o impedem de atingir 100% de eficiência. Vários fatores podem provocar a diminuição do resultado produtivo, incluindo:

- Funcionários sem orientação suficiente para saber o que fazer.
- Funcionários sem habilidades e recursos necessários para fazer bem seu trabalho.
- Organização sem sistemas, processos e ferramentas para permitir que as pessoas façam seu trabalho de forma eficiente.

- Estrutura organizacional (ex.: burocracia e hierarquia) que atrapalha e faz com que o trabalho acabe levando mais tempo do que deveria.
- Pessoas que trabalham juntas de forma ineficiente e ineficaz (ex.: reuniões mal conduzidas).
- Cultura que leva as pessoas a trabalhar em coisas que não contribuem para um objetivo empresarial específico e/ou não produzem resultados para a empresa (ex.: uma cultura de excesso de preparação, gestão excessiva de stakeholders ou aversão ao risco).
- Pessoas insatisfeitas com emprego ou local de trabalho e que, portanto, não utilizam sua energia e atenção para fazer o trabalho de forma eficiente e eficaz.
- Outros fatores

1. Dos fatores acima mencionados, quantos você observa em sua organização?
    - **a.** 0 ou 1
    - **b.** 2 ou 3
    - **c.** 4 ou mais

2. Quantas horas por dia, em média, você ou membros de sua equipe passam em reuniões?
    - **a.** Menos de 3
    - **b.** Entre 3 e 6
    - **c.** Mais de 6

3. Quantas camadas de gestão separam o pessoal da linha de frente do CEO da organização?
    - **a.** Menos de 6
    - **b.** Entre 6 e 8
    - **c.** Mais de 8

O poder produtivo de uma organização

TALENTO

O termo talento se refere à qualificação dos indivíduos da organização e ao modo como são utilizados, individualmente e em equipe. Ao responder às perguntas a seguir, tenha em mente trabalhadores de escritório.

4. Que percentual de seus funcionários é gente de alto desempenho ou "nível A" (ou seja, entre os melhores do mercado na respectiva área ou setor, e não só em sua empresa)?
    a. Mais de 25%
    b. De 10% a 25%
    c. Menos de 10%

5. Sua organização sabe identificar os fazedores de diferença da empresa e instalar esses indivíduos em postos nos quais possam fazer a máxima diferença?
    a. Temos alta capacidade de identificar os fazedores de diferença e de instalá-los em funções *mission-critical*.
    b. Sabemos quem são os fazedores de diferença e que funções são *mission-critical*, mas nem sempre conseguimos instalar a pessoa certa na função certa.
    c. Não temos processos para identificar os fazedores de diferença ou não temos uma clara definição das funções *mission-critical*.

6. Na sua experiência, quando a organização lança uma iniciativa de caráter fundamental para o sucesso da empresa, como é o processo de montar a equipe para conduzir a iniciativa?
    a. A organização geralmente monta uma equipe formada total ou predominantemente por gente de alto desempenho.
    b. Normalmente escolhemos alguém de alto desempenho para liderar a equipe e deixamos que o resto se alinhe.
    c. A organização geralmente monta equipes com gente que está disponível.

ENERGIA

Energia significa se as pessoas estão engajadas e inspiradas pelo trabalho, pela organização para a qual trabalham e pelas pessoas com quem trabalham, o que se reflete na contribuição que estão dispostas a dar para a empresa. Ao responder às perguntas a seguir, tenha em mente trabalhadores de escritório.

7. Que percentual dos trabalhadores de sua organização se sente "inspirada"? Indivíduos inspirados são aqueles que, devido a seu trabalho, ao propósito da empresa e ao relacionamento com as pessoas com quem trabalham são fortes defensores da empresa e estão dispostos a feitos extraordinários para contribuir para a organização.
    - **a.** Mais de 50%
    - **b.** De 25% a 50%
    - **c.** Menos de 25%

8. Sua organização tem uma cultura que promove tanto o desempenho quanto o engajamento?
    - **a.** Sim, nossa cultura efetivamente promove o desempenho e o engajamento.
    - **b.** Nossa cultura promove o desempenho ou o engajamento, mas não ambos na mesma medida.
    - **c.** Não, nossa cultura não promove efetivamente nem o desempenho nem o engajamento.

9. Sua organização tem um programa formal para ajudar os funcionários a virarem líderes inspiradores?
    - **a.** Nossa organização oferece considerável desenvolvimento de liderança, incluindo liderança inspiradora.
    - **b.** Nossa organização oferece desenvolvimento de liderança, mas não dá ênfase à liderança inspiradora.
    - **c.** Nossa organização oferece limitado desenvolvimento formal de liderança.

PONTUAÇÃO

Agora, some suas notas. Respostas "a" valem 2 pontos, respostas "b" valem 1 ponto e respostas "c" valem 0.

- 14 a 18 pontos: ALTA. Sua organização provavelmente tem ótimo desempenho nos quesitos tempo, talento e energia. Sugerimos que você confira em que área teve a pontuação mais baixa e use este livro para conseguir um desempenho ainda melhor.

- 7 a 13 pontos: MÉDIA. Sua organização provavelmente tem um desempenho médio nos quesitos tempo, talento e energia e pode estar perdendo entre 20% e 30% do poder produtivo na comparação com as campeãs nessa área.

- 0 a 6 pontos: BAIXA: Sua organização provavelmente está perdendo considerável poder produtivo – até 40% na comparação com as líderes de desempenho.

Tome nota da pontuação total e da nota tirada em cada quesito (tempo, talento e energia). Em qual deles sua organização se sai pior? Em qual se sai melhor? O quesito com a pior nota é, a princípio, o melhor trampolim para as primeiras tentativas de melhorar a organização. Mas promover mudanças incrementais em áreas fortes também pode agregar considerável valor.

O QUE VOCÊ ENCONTRARÁ NESTE LIVRO

Embora todos esses dados possam soar muito teóricos, os capítulos a seguir vão dar substância a esse esqueleto numérico.

A primeira parte trata da gestão do tempo – pois sem administrar bem o tempo não é possível fazer mais nada. Os capítulos 2 e 3 expõem as fontes do fardo organizacional: o sem-fim de reuniões, de comunicações eletrônicas, de complexas estruturas burocráticas. Neles, mostramos em detalhe como a empresa pode administrar melhor o tempo, dinamizar as operações e se livrar dos inimigos mais comuns da produtividade. Nesses dois capítulos, também iremos compartilhar práticas adotadas pelas melhores empresas para liberar o tempo improdutivo. Quem seguir essas recomendações já sairá à frente das demais.

Na segunda parte, o foco é o talento e o *teaming* – a segunda peça do quebra-cabeça. Os capítulos 4 e 5 tratam do poder da gestão eficaz de talentos. Neles, você encontrará novas ideias sobre como atrair, desenvolver e reter os profissionais de talento de que toda organização precisa. Vamos mostrar como descobrir onde sua organização precisa de gente melhor – "fazedores de diferença" – para ter um desempenho espetacular. Você também descobrirá algo que muitas organizações parecem desconhecer: o tremendo efeito de um bom *teaming* e da colaboração, e como tirar partido disso. Uma pista: o segredo tem a ver com onde e como você utiliza os fazedores de diferença.

A terceira parte é voltada ao último fator que determina o poder produtivo de uma organização: a questão às vezes impalpável da energia discricionária. Os capítulos 6 e 7 fazem um sério exame do poder (e dos limites) do engajamento e dos notáveis efeitos da inspiração. Ali, damos uma descrição de medidas práticas que a empresa pode tomar para inspirar seus funcionários e mostramos por que essas medidas aparentemente práticas volta e meia falham. Esses dois capítulos também discutem o elusivo conceito da cultura, que em algumas das *outliers* parece fazer toda a diferença. A cultura não é apenas parte do jogo, como observou certa vez o ex-CEO da IBM, Lou Gerstner – a cultura é o jogo. Tanto nossa pesquisa como nossa experiência corroboram essa tese.

Tomadas em conjunto, as ações que descrevemos nesses capítulos têm o poder de se reforçar e potencializar a si mesmas. Uma vez instalada, uma força de trabalho engajada e produtiva vira um exército de defensores da empresa junto a clientes e potenciais funcionários. Com isso, cria-se na prática um círculo virtuoso: com altos níveis de engajamento, é mais fácil atrair e reter bons talentos; com talentos melhores, é mais fácil montar equipes capacitadas; esses indivíduos e equipes exercem pressão para que a organização simplifique a estrutura e elimine tudo o que consuma desnecessariamente seu tempo. Quando a empresa age assim e libera a energia discricionária das pessoas, o trabalho parece ter mais propósito. Uma organização que consegue essa proeza não se limita a ter um bom desempenho. Dispara.

Certas *outliers* já liberaram o poder produtivo de suas organizações. Aprenderam a administrar o tempo, o talento e a energia do pessoal com o mesmo cuidado que administram o capital financeiro. E são, portanto, líderes na economia atual. Este livro irá mostrar como se juntar a elas nessa comissão de frente.

AS TRÊS IDEIAS FUNDAMENTAIS DESTE LIVRO

1. *Fardo organizacional é letal.* Custa a uma empresa típica pelo menos 20% de sua capacidade produtiva e, possivelmente, bem mais. Ou seja, de partida a empresa já está produzindo menos do que poderia.

2. *Uma boa gestão de talentos é o primeiro passo para se livrar desse fardo.* É preciso instalar gente excepcional – "fazedores de diferença" – em postos cruciais da organização. Mais importante ainda, no entanto, é a forma como você emprega esses talentos, individualmente e em equipe.

3. *O engajamento, e em especial a inspiração, podem tornar sua empresa imbatível.* É isso que libera a energia discricionária de seus funcionários e cria verdadeiras organizações de alto rendimento.

PRIMEIRA PARTE

TEMPO

O tempo é o recurso mais escasso. Se não for bem administrado, nada mais poderá ser administrado.

[Peter Drucker]

A SENTENÇA PROFERIDA por Peter Drucker ecoa diariamente pelos corredores do mundo empresarial, em lamentos como "não há tempo suficiente", em justificativas como "desculpa, não tenho tempo". Se realmente fosse possível criar um dia de 25 horas, o autor desse invento ganharia uma fortuna.

Usamos o termo *fardo organizacional* para descrever todas as maneiras pelas quais uma organização consome o tempo das pessoas. São reuniões, e-mails e telefonemas, processos e procedimentos burocráticos. Alguns são essenciais. Outros são pura perda de tempo. E, como mostra nosso estudo, esse fardo pode ter um efeito devastador: por causa dele, a empresa típica perde 21% de seu poder produtivo, o equivalente a um dia por semana. Até empresas do quartil mais elevado perdem 13%.

Agora, isso realmente diz tudo? Perguntamos aos participantes do estudo quantas horas cada um gastava com reuniões e comunicações *desnecessárias*. Todos deram sua melhor estimativa. Se olharmos os dados com um pouco mais de atenção, no entanto, veremos que a maioria das pessoas acaba por enxergar muitas das reuniões e muito da comunicação do dia a dia como parte indispensável do trabalho. É só quando a empresa começa a administrar o tempo com mais rigor que se percebe que essa interação toda não era necessária para começo de conversa. Nessa hora, o pessoal descobre que é capaz de liberar muito mais tempo do que aqueles 21% ou 13% sugeririam.

É por isso que, nessa seção do livro, abordamos o tema em duas etapas. O capítulo 2 mostra como o tempo é gasto e como a empresa pode liberar boa parte dele com o emprego de ferramentas e técnicas simples de gestão do tempo. Já o capítulo 3 escancara a cortina para expor as estruturas desnecessariamente complexas que normalmente estão por trás de todas essas reuniões e interações. Às vezes, mudar essas estruturas é uma tarefa colossal. Mas nem sempre. Digamos, por exemplo, que o pessoal a cargo de uma conta tenha de interagir com uma dezena de indivíduos dentro da empresa – gerentes de produtos, especialistas em tecnologia, gente do marketing regional e por aí vai – toda vez que vai preparar uma proposta para um cliente, simplesmente pela forma como a empresa é estruturada. Se fosse possível reconfigurar a organização para reduzir essas interações pela metade, daria para liberar incontáveis horas de tempo improdutivo.

Os casos aqui relatados podem deixar o leitor boquiaberto. Vamos falar da reunião que consumia 300 mil horas do tempo de uma empresa – a maior parte disso sem qualquer necessidade. Vamos mostrar como a secretária do executivo de uma empresa gastava milhões de dólares em verba todo ano sem precisar passar por nenhum processo formal de autorização. Vamos contar como uma empresa percebeu que não precisava de dezenas de unidades de negócios, de centenas de subsidiárias e de nada menos que 24 comitês de gestão. Também vamos explicar por que muitas empresas seguem fazendo, ano após ano, a velha análise de "spans-and-layers" sem que isso tenha muito efeito sobre a produtividade. Mas, para cada exemplo infeliz desses, há outro mais inspirador, de empresas que finalmente aprenderam a administrar bem o tempo – e cujos resultados estão aí para provar.

Vire a página. Não há tempo a perder.

2

LIBERE O TEMPO DA ORGANIZAÇÃO

COMO DISSEMOS LÁ NO COMEÇO, a maioria das empresas tem procedimentos elaborados para administrar o capital financeiro: *business cases*, taxas de retorno mínimo, teto de gastos e por aí vai. Já o tempo da organização praticamente não é administrado. Embora telefonemas, e-mails, mensagens instantâneas, reuniões e teleconferências consumam horas e horas do dia de todo executivo, poucas normas regem essas interações. A maioria das empresas sequer tem uma noção clara de como seus líderes e funcionários estão usando o tempo coletivo. Não surpreende, portanto, que o tempo normalmente seja malgasto – em longas cadeias de e-mail, teleconferências desnecessárias e um sem-fim de reuniões improdutivas.

Essa falta de controle cria um fardo organizacional agudo. O tempo dedicado a reuniões e à comunicação interna reduz o tempo empregado para gerar valor para o cliente. A organização fica inchada, burocrática e lenta – e seu desempenho financeiro cai. "Assim como não permitiria que um colega de trabalho roubasse um equipamento da empresa, você tampouco deveria deixar alguém se apropriar do tempo dos demais gerentes", disse em certa ocasião Andy Grove, ex-CEO da Intel.[1] Essa forma de roubo acontece o tempo todo e em geral é involuntária. Reuniões entram na agenda sem planejamento ou priorização claros. Todo dia surgem iniciativas novas que exigem atenção da gerência. E o fluxo de mensagens nunca cessa. Segundo nosso estudo, executivos trabalham em média mais de 47 horas por semana – um pouco mais na Ásia-Pacífico, um pouco menos na Europa, no Oriente Médio e na África –, mas o resultado que têm a mostrar por todo esse esforço em geral é muito menor do que gostariam.

O que fazer? A maioria dos conselhos sobre gestão do tempo é voltada a ações individuais. Gurus do tempo sugerem que não sejamos escravos do e-mail, que sejamos mais seletivos na hora de participar de reuniões – e coisas do gênero. São dicas válidas e úteis, mas não se combate o fardo organizacional só com gestos individuais: na gestão do tempo, até a melhor das intenções pode ser atropelada por exigências e práticas da organização. E-mails e mensagens instantâneas não param de chegar – assim como convites para reuniões. Se ignorar muito desse fluxo, a pessoa corre o risco de alienar colegas ou chefes. E, se o trabalho na empresa depender desse fluxo contínuo de interação para ser feito, não há muita saída: é preciso mergulhar com tudo e tentar chegar até a outra margem do melhor jeito possível.

Por sorte, uma leva de empresas fora de série – as *outliers* – já descobriu como administrar o tempo organizacional de outro jeito. Além de simplificar *onde* o trabalho é feito – em que nível, em que departamento, em que unidade de negócios (como descreveremos no capítulo seguinte) –, essas empresas também simplificam *como* o trabalho é feito, poupando enormes quantidades de tempo. Nelas, os líderes precisam tratar o tempo como um recurso escasso e investi-lo com prudência. Nelas, o orçamento de tempo da organização é encarado com a mesma disciplina aplicada ao orçamento de capital. Nelas, os custos fixos (o overhead) caíram consideravelmente e até 40% do tempo improdutivo de executivos e funcionários foi liberado. Esse salto de produtividade incentiva a inovação e acelera o crescimento rentável – e livra todos da frustrante e desanimadora sensação de estar eternamente perdendo tempo.

NA PONTA DO LÁPIS: COMO O TEMPO DA ORGANIZAÇÃO É DESPERDIÇADO

Para entender como a situação chegou a esse ponto, peguemos uma regrinha tecnológica aparentemente inocente conhecida como a Lei de Metcalfe. Robert Metcalfe – hoje professor da University of Texas – é uma sumidade no meio tecnológico. Foi um dos inventores da tecnologia de Ethernet e um dos fundadores da 3Com, empresa que acabou comprada pela Hewlett-Packard. A certa altura dessa trajetória, Metcalfe formulou uma regra geral sobre o valor de redes.

Metcalfe postulou que o valor de uma rede cresce à razão do quadrado do número de usuários. Um único aparelho de fax, por exemplo, de nada serve. Dois aparelhos de fax já têm algum valor, mas pouco. Já uma rede com milhares de aparelhos de fax vale milhões, pois agora todos esses usuários podem enviar documentos uns para os outros.

A Lei de Metcalfe tem, contudo, um lado sombrio: à medida que o custo da comunicação cai, cresce exponencialmente o número de interações, bem como o tempo necessário para processar todas elas. Antigamente, quando um executivo ou gerente recebia um telefonema enquanto estava ausente, na volta a secretária lhe entregava um papelzinho informando que alguém tinha ligado. Um executivo muito ocupado podia receber até 20 recados em um dia normal, ou algo como 5 mil por ano. Foi então que chegou o correio de voz individual, seguido pelo correio de voz multiusuário (a versão pré-e-mail do "Responder a todos"); com isso, o custo de deixar uma mensagem caiu, levando a uma alta correspondente no número de mensagens deixadas, talvez para 10 mil ao ano. Mais adiante, vieram as redes atuais, sobrepostas: telefone, e-mail, mensagens instantâneas. Nelas, o custo de se comunicar com uma pessoa ou centenas de pessoas é praticamente nulo. Não espanta que o número de mensagens tenha disparado, talvez para 50 mil ao ano (veja Figura 2-1). Receber, responder e lidar com as consequências de todas essas mensagens obviamente traz um ônus para o indivíduo. Mas não é só o tempo de quem está diretamente envolvido que é consumido. Outros trabalhadores também precisam entrar na dança. Quanto mais graduado um executivo, mais tempo os outros terão de passar filtrando, organizando e lidando com essas 50 mil mensagens e conversas.

FIGURA 2-1

O lado sombrio da Lei de Metcalfe

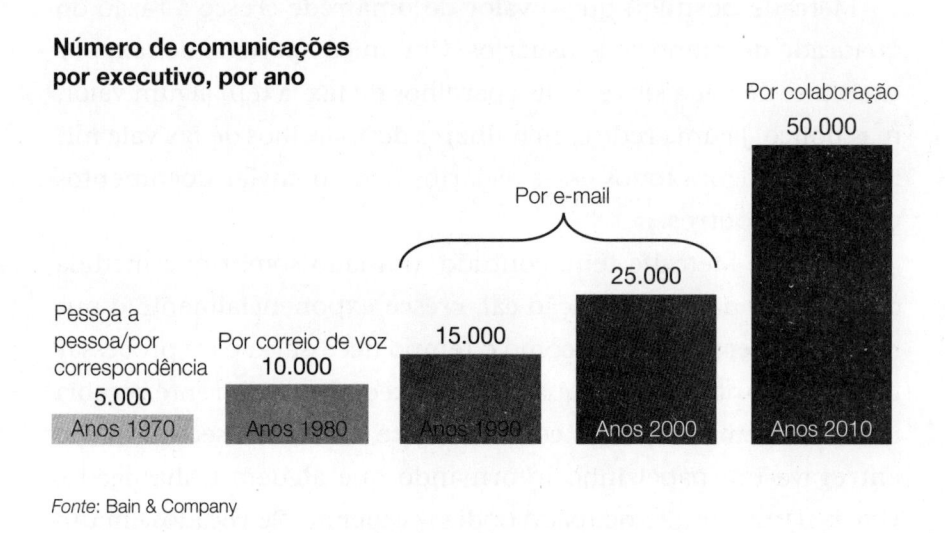

Número de comunicações
por executivo, por ano

				Por colaboração
				50.000
			Por e-mail	
			25.000	
Pessoa a pessoa/por correspondência	Por correio de voz	15.000		
5.000	10.000			
Anos 1970	Anos 1980	Anos 1990	Anos 2000	Anos 2010

Fonte: Bain & Company

Hoje, empresas contam com ferramentas de controle de tempo que não existiam no passado. Com o uso disseminado de aplicativos de agenda e troca de mensagens como Microsoft Outlook, Google Calendar, Apple Calendar e outros, é possível monitorar como gerentes e funcionários estão gastando o tempo coletivo da organização e, portanto, investindo esse escasso recurso. Dados da agenda mostram quantas reuniões, e de que tipo, estão sendo feitas por semana, mês ou ano. Mostram quanta gente está participando delas, por nível e setor da empresa. Permitem até que a empresa controle certos hábitos organizacionais – como processamento paralelo e compromissos duplicados – antes de reuniões, durante e depois. Obviamente, se quiser esmiuçar todos esses dados, a empresa vai precisar de bons mecanismos para garantir a privacidade do pessoal, pois ninguém gosta de sentir que o Big Brother está vigiando cada passo seu. Essa informação, no entanto, pode pintar um retrato vívido e revelador do orçamento de tempo de uma organização.[2]

Para estudar o uso do tempo, nós, junto a outros colegas da Bain, lançamos mão de ferramentas inovadoras de *people analytics* de uma empresa de Seattle chamada VoloMetrix, que no final de 2015 virou uma subsidiária da Microsoft. Eis o que descobrimos ao analisar o orçamento de tempo de 17 empresas grandes:

Empresas estão inundadas de comunicação eletrônica. À medida que o custo incremental da comunicação entre uma pessoa e outra e entre uma pessoa e muitas foi caindo, o número de interações multiplicou radicalmente. Hoje, certos executivos recebem cerca de 200 e-mails por dia, ou algo como 50 mil mensagens por ano só por essa via. A crescente utilização de aplicativos de mensagens instantâneas e de crowdsourcing promete agravar o problema. Se a tendência não for contida, executivos em breve estarão gastando mais de um dia por semana só para administrar a comunicação eletrônica.

Tempo gasto em reuniões disparou. As pessoas também estão indo a mais reuniões – e por dois grandes motivos. Primeiro, o custo de organizar uma reunião caiu drasticamente. Imagine o esforço que exigia marcar uma reunião com cinco executivos 25 anos atrás. Para definir uma hora, a secretária de um deles tinha de propor um horário à secretária de cada um dos demais executivos. Depois de muitas idas e vindas, finalmente chegava-se a um acordo sobre data, horário e local. Devido a essa trabalheira toda, executivos convocavam bem menos reuniões. E o número de reuniões aumentou, em segundo lugar, porque hoje é bem mais fácil participar pelo telefone, por videoconferência, com compartilhamento de tela e coisas do gênero. Isso reduz ainda mais o custo de realizar uma reunião.

O resultado é irrefutável: altos executivos dedicam, em média, mais de dois dias por semana a reuniões com três ou mais colegas de empresa. No total, cerca de 15% do tempo coletivo de uma organização é gasto em reuniões – porcentagem que, de 2008 para cá, subiu todo ano.

Além de terem se multiplicado, esses encontros têm um efeito dominó. Uma única reunião da diretoria pode produzir efeitos em série por toda a organização, consumindo tempo e dinheiro consideráveis. Em uma grande empresa do setor industrial com a qual trabalhamos há pouco, a alta equipe de gestão fazia reuniões semanalmente para analisar os resultados de toda a empresa. Essas reuniões consumiam diretamente 7 mil horas por ano em tempo organizacional. Mas, para se preparar para a reunião semanal, cada integrante da equipe de gestão se reunia com sua respectiva unidade, o que consumia mais 20 mil horas por ano. Cada unidade, por sua vez, encarregava suas equipes de levantar e cruzar informações importantes, em geral durante reuniões. Esses efeitos de segunda ordem somavam outras 63 mil horas por ano. Por último, a troca de e-mails e a coleta de dados não se limitavam aos indivíduos envolvidos nas reuniões preparatórias. Computado tudo, as reuniões da alta diretoria representavam um gasto de mais de 300 mil horas por ano (veja Figura 2-2).[3]

Libere o tempo da organização

FIGURA 2-2

Efeito em cadeia de uma única reunião da liderança

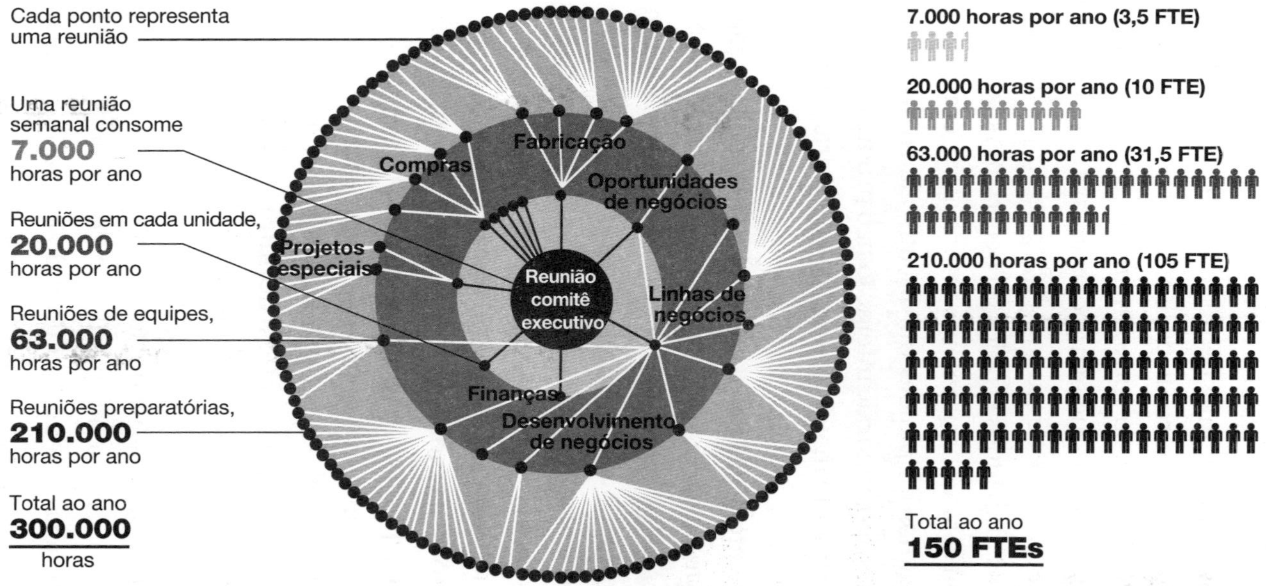

Cada ponto representa
uma reunião

Uma reunião
semanal consome
7.000
horas por ano

Reuniões em cada unidade,
20.000
horas por ano

Reuniões de equipes,
63.000
horas por ano

Reuniões preparatórias,
210.000
horas por ano

Total ao ano
300.000
horas

7.000 horas por ano (3,5 FTE)

20.000 horas por ano (10 FTE)

63.000 horas por ano (31,5 FTE)

210.000 horas por ano (105 FTE)

Total ao ano
150 FTEs

Fabricação
Oportunidades de negócios
Linhas de negócios
Reunião comitê executivo
Desenvolvimento de negócios
Finanças
Projetos especiais
Compras

Fonte: Michael C. Mankins, Chris Brahm e Greg Caimi, "Your Scarcest Resource", *Harvard Business Review*, May 2014

Colaboração real é limitada. Embora o número de interações entre uma pessoa e outra e entre uma pessoa e muitas tenha crescido drasticamente nas duas últimas décadas, até 80% das interações que analisamos ocorriam dentro de departamentos – e não entre divisões, entre departamentos ou entre a matriz e outras áreas da empresa. Já quanto às interações que extrapolavam as fronteiras de uma única unidade, uma análise de seu conteúdo sugere que muitas delas se davam entre os indivíduos errados ou ocorriam pela razão errada – ou seja, tinham caráter basicamente informativo, em vez de servir para colher subsídios e opiniões ou discutir alternativas. Trocando em miúdos, o tempo maior de interação não produziu uma colaboração consideravelmente maior fora de silos organizacionais.

Comportamento disfuncional em reuniões está aumentando. Na maior parte das organizações que estudamos, era comum participantes de reuniões mandarem e-mails durante a sessão. Em uma delas, em 22% das reuniões os presentes enviaram três ou mais e-mails, em média, para cada 30 minutos de reunião (em diversos outros estudos foi observada muita navegação na internet e outras distrações durante teleconferências, um jeito cada vez mais comum de conduzir reuniões; há indícios de que esse tipo de distração causa uma queda de dez pontos no QI de uma pessoa, o equivalente a perder uma noite de sono ou o dobro do efeito de fumar maconha). Nessa mesma empresa, executivos tinham o hábito de agendar duas reuniões para o mesmo horário e decidir na hora a qual iriam. Logo, quem convocava uma reunião jamais sabia ao certo se quem devia participar realmente iria comparecer.

Comportamentos disfuncionais como esses criam um círculo vicioso: o processamento paralelo e compromissos duplicados limitam a eficácia de reuniões, levando a organização a marcar mais reuniões para dar cabo do trabalho. Essas reuniões geram mais condutas disfuncionais, e assim sucessivamente.

Controles formais são raros. Na maioria das empresas, requisitar o tempo dos colegas não acarreta nenhum custo real. Quando quer fazer uma reunião, você pede à secretária que mande uma convocação aos demais ou busque – e reserve – uma hora livre na agenda da equipe. Se detectar um problema que precisa ser resolvido, você convoca um grupo de trabalho para estudá-lo e, com toda probabilidade, lança uma iniciativa para solucioná-lo. Em geral, dispor assim do tempo da organização não exige avaliação prévia e nem autorização formal. Líderes de uma grande empresa manufatureira, por exemplo, descobriram há pouco que uma reunião frequente de gerentes de escalão médio com 90 minutos de duração vinha custando mais de US$ 15 milhões ao ano. Quando foram questionados sobre quem era o responsável por autorizar a reunião, não souberam dizer. "Ninguém", responderam. "A secretária do Tom marca e a equipe comparece." Era isso: a auxiliar administrativa de um vice-presidente júnior tinha liberdade para investir US$ 15 milhões sem a autorização de um superior. É algo que jamais aconteceria com o capital financeiro da empresa.

Há poucas consequências. Em um estudo recente de Bain, altos executivos classificaram mais de metade das reuniões a que compareciam como "ineficazes" ou "muito ineficazes". Apesar disso, poucas organizações adotam mecanismos para avaliar a produtividade de reuniões – e muito menos sanções claras para encontros improdutivos ou recompensas para reuniões particularmente úteis.

Imagine o efeito disso tudo na semana de um típico gerente júnior. Esse gerente gasta aproximadamente 21 horas em reuniões e outras oito em comunicações eletrônicas. Parte desse tempo é perdido com e-mails, ligações e mensagens instantâneas que jamais deviam ter sido enviadas ou que ele nunca devia ter respondido. Outra parte é jogada fora em reuniões que jamais deviam ter sido feitas ou das quais ele não devia ter participado. Se toda essa comunicação eletrônica e todas essas reuniões estivessem concentradas no início da semana, o gerente só ia conseguir começar a fazer outra coisa na quinta-feira à tarde. Mas não estão concentradas, obviamente – e sim interrompendo regularmente as outras atividades do gerente. Se deduzisse períodos de menos de 20 minutos de trabalho do tempo produtivo dessa pessoa, você veria que ela tem algo como 6,5 horas por semana de tempo sem interrupções para tarefas que não sejam reuniões e comunicação (veja Figura 2-3). Estudos mostram que o *multitasking* pode até trazer uma satisfação emocional, pois a pessoa se sente atarefada e importante. Mas o desempenho cai consideravelmente.

A boa notícia, entretanto, é que algo entre 25% e 40% do tempo do gerente típico é potencialmente recuperável. O segredo é ter mais disciplina na gestão do tempo.

FIGURA 2-3

Excesso de reuniões deixa pouco tempo para pensar ou trabalhar

Exemplo: é possível liberar 40% do tempo diminuindo a frequência de reuniões, o número de participantes e/ou o volume de e-mail.

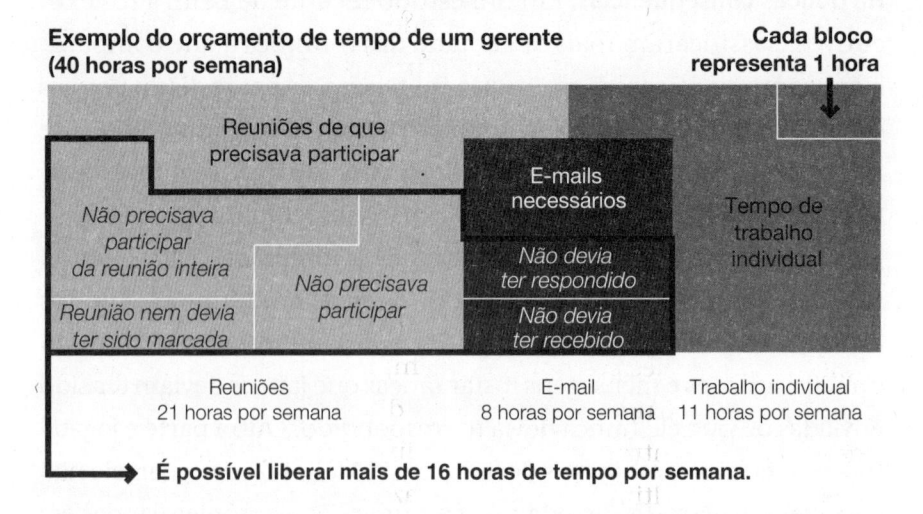

Exemplo do orçamento de tempo de um gerente (40 horas por semana)

Cada bloco representa 1 hora

- Reuniões de que precisava participar
- Não precisava participar da reunião inteira
- Reunião nem devia ter sido marcada
- Não precisava participar
- E-mails necessários
- Não devia ter respondido
- Não devia ter recebido
- Tempo de trabalho individual

Reuniões
21 horas por semana

E-mail
8 horas por semana

Trabalho individual
11 horas por semana

É possível liberar mais de 16 horas de tempo por semana.

Fonte: Bain & Company

COMO ADMINISTRAR O TEMPO DA ORGANIZAÇÃO

Na Suécia, um grupo de empresas está testando uma solução radicalmente simples para administrar o tempo da organização: dar às pessoas menos tempo. "Na Suécia, a jornada de trabalho de seis horas está virando algo comum", informa a revista *Fast Company*. Uma empresa, a desenvolvedora de aplicativos Filimundus, adotou a novidade em 2014 com nenhum prejuízo para a produtividade. Como explicar? "A equipe de liderança simplesmente pediu que os funcionários evitassem redes sociais e distrações de caráter pessoal e eliminou algumas reuniões semanais de praxe."[4]

Simples, não? Só que a Suécia há muito é exceção e nada indica que empresas em outros países vão adotar tão cedo o expediente de seis horas. Mas há muitas outras maneiras de administrar melhor o tempo no trabalho para reduzir o fardo organizacional. Esses métodos se dividem em três grandes categorias.

1. Investir tempo com o mesmo cuidado com que se investe dinheiro

Já que nenhuma empresa, até onde sabemos, tem um diretor de tempo, a responsabilidade de definir critérios para o investimento do tempo é do CEO. E alguns estão encarando essa obrigação de um jeito inovador.

Seja implacável ao definir prioridades. Quando comandava a Apple, Steve Jobs fazia uma reunião de planejamento fora da empresa com os cem principais executivos da casa – que, na ocasião, tinham de definir as dez grandes prioridades da empresa para o ano seguinte. Os integrantes do grupo travavam uma disputa intensa para que suas ideias ficassem entre as finalistas. Aí vinha Jobs, marcador em punho, e riscava as sete últimas. "Só dá para fazer três", dizia. O gesto deixava claro qual devia ser o foco – e qual não devia ser – dos executivos.[5]

Obviamente, não é preciso ser drástico como Jobs. Em março de 2013, quando assumiu a presidência da Newmont Mining, Gary Goldberg descobriu que havia 87 iniciativas em curso na empresa, e que cada uma delas consumia tempo e atenção de um ou mais dos integrantes da equipe de liderança executiva da Newmont. Muitas – incluindo campanhas para melhorar a segurança nas minas ou aumentar a eficiência operacional – tinham alto valor. Já outras eram mais questionáveis quanto ao retorno que o investimento traria para a Newmont.

Para deter essa proliferação de iniciativas, Goldberg passou a exigir que líderes apresentassem um plano de negócios formal para toda iniciativa da empresa – já em curso e ainda no papel. Antes de investir qualquer tempo em uma iniciativa, a liderança executiva tinha de analisar o *business case* e aprovar o projeto. Todo plano tinha de mostrar o benefício econômico exato que a iniciativa traria, e também o custo total, incluindo o tempo de altos executivos. Toda iniciativa teria de ter um patrocinador: um executivo responsável por monitorar o progresso e mantê-la dentro do orçamento.

Essas exigências produziram o efeito desejado. Muitas das iniciativas em curso quando Goldberg assumiu foram suspensas, pois ninguém apresentou um *business case* para justificá-las. Outras foram, sim, submetidas a essa análise – mas não foram aprovadas. Em menos de três meses, a Newmont tinha reduzido em um terço o total de iniciativas. A mineradora também enxugou o porte da sede da empresa em 30%, transferindo mais autoridade e responsabilidade a líderes nas próprias minas. E recanalizou o tempo coletivo para iniciativas voltadas a melhorar a segurança e a eficiência operacional.

Crie um orçamento de tempo fixo – e corte-o sempre que possível. Outro excelente instrumento é estipular uma quantidade fixa de tempo para reuniões e outras distrações. Ao fazer isso, a empresa na prática está dizendo o seguinte: "Não vamos investir nenhum tempo a mais da organização em reuniões; o tempo para qualquer nova reunião vai vir do banco de horas de reuniões existentes". Com isso, a empresa pode achar maneiras de cortar o orçamento de tempo, como no caso do orçamento financeiro.

Foi isso, basicamente, o que fez Alan Mulally. Quando virou CEO da Ford, em 2006, Mulally descobriu que os executivos mais graduados da empresa passavam um belo tempo em reuniões. Aliás, os 35 principais executivos da montadora se reuniam todo mês para o que chamavam de "semana de reuniões": cinco dias dedicados a discutir projetos de carros e analisar resultados. Os custos diretos e indiretos dessas sessões eram consideráveis – e bem mais do que a empresa podia bancar à época.

No final de 2006, Mulally pediu à equipe que avaliasse a eficiência e a eficácia das reuniões regulares da empresa. A equipe rapidamente cancelou todas as dispensáveis e encurtou as desnecessariamente longas, o que obrigou todos a maximizar a produtividade por minuto de tempo reunidos. Além disso, os membros do time também passaram a ser bem mais seletivos na hora de convocar novas reuniões. Embora na Ford um gerente não seja obrigado a eliminar uma reunião para poder marcar outra, os executivos da empresa tratam o tempo organizacional como um recurso fixo.

O carro-chefe do modelo da Ford é uma reunião semanal chamada Business Plan Review (BPR). É uma sessão focada com quatro a cinco horas de duração que reúne os principais executivos da empresa para traçar a estratégia e analisar o desempenho. Essa mudança, sozinha, já derrubou o tempo que a cúpula passa reunida todo mês – de 50 para cerca de 20 horas. Além disso, o conteúdo da reunião foi padronizado, o que reduziu as longas horas de preparo exigidas até então. Substituir a "semana de reuniões" pela BPR liberou milhares de horas na Ford, permitindo que a montadora cortasse custos fixos num momento em que as rivais estavam sendo socorridas pelo governo americano. Também aumentou a qualidade e a velocidade das decisões na montadora, acelerando a virada nos resultados.

Uma empresa capaz de adotar um orçamento de tempo fixo poderia, a certa altura, optar por partir cada ano do zero. Assim como muitas empresas elaboram o orçamento de operações e de capital do zero a cada ano, uma empresa empenhada em administrar bem o tempo pode decidir examinar toda reunião regularmente realizada para determinar se é realmente necessária.

Deixe bem claro quem tem autoridade para investimentos de tempo. A maioria das empresas tem poucas restrições sobre quem pode convocar uma reunião. Decisões sobre o tempo de duração, quem será convidado e até se os participantes devem comparecer em pessoa são normalmente relegadas a funcionários de escalão inferior. O resultado? Reuniões caras marcadas sem qualquer escrutínio.

Em outra empresa do setor industrial com a qual trabalhamos recentemente, a equipe de liderança tomou duas providências simples para controlar o tempo improdutivo de reuniões. Primeiro, reduziu a duração típica de 60 para 30 minutos. Segundo, adotou uma diretriz limitando o número de participantes a um máximo de sete pessoas. Qualquer reunião que fosse durar mais de 90 minutos ou incluir mais de sete pessoas tinha de ser aprovada pelo supervisor do supervisor (dois níveis acima) do indivíduo que pedia a reunião. O orçamento de tempo da organização teve uma redução drástica: o equivalente a seis meses de trabalho de 200 funcionários em regime integral.

Adote um novo protocolo para comunicações eletrônicas. É comum dizermos a clientes e a outros interlocutores que temos um conselho simples e grátis para liberar o tempo improdutivo: eliminar a opção "Responder a todos" dos sistemas da empresa. Falamos de brincadeira, é claro – embora haja um quê de verdade aí. Enviar mensagens com cópia a todo mundo que possa estar interessado, de forma indiscriminada, entope a caixa de entrada dos outros e causa uma imensa perda de tempo. Se tivessem de digitar o nome de cada destinatário, as pessoas seriam muito mais criteriosas na hora de incluir gente nos campos "Para" ou "CC". A quantidade de e-mails e respostas certamente diminuiria, provavelmente de forma drástica.

Muitas empresas acham útil estipular regras e protocolos para a comunicação por e-mail. Em uma grande companhia de tecnologia, uma auditoria do tempo revelou que trabalhadores em todos os escalões da organização passavam quase meio dia por semana lendo e respondendo e-mails que nem deviam ter recebido para começo de conversa. A alta liderança ficou perplexa. A primeira providência foi adotar, eles mesmos, uma nova conduta nessa área: passaram a mandar menos e-mails com cópia para meio mundo, evitavam responder e-mails enviados só "para seu conhecimento" e começaram a chamar a atenção de quem os copiava em e-mails que não precisavam receber. Com o tempo, essas práticas pegaram – e alteraram a conduta de gerentes em outros níveis da organização. O resultado? A organização passou a perder bem menos tempo em comunicações eletrônicas desnecessárias.

Dê feedback em tempo real para administrar a carga organizacional. Dizem que não dá para administrar o que não dá para medir. Poucas organizações, no entanto, monitoram rotineiramente variáveis de impacto crucial na produtividade humana, como a duração de reuniões, a participação nelas e o volume de e-mails. Sem esse controle, é difícil gerenciar esses fatores – ou até conhecer a magnitude do problema de produtividade na organização. E, sem uma referência inicial, um *baseline* da produtividade, fica impossível estipular metas para aumentá-la.

Muitos executivos já analisam quanto tempo gastam com diferentes públicos e diferentes assuntos, usando para isso apenas a própria agenda. Uma série de empresas, incluindo Seagate e Boeing, resolveu dar a seus executivos um feedback em tempo real sobre a "carga" que estão impondo à organização em termos de reuniões, e-mails, mensagens instantâneas e afins. Na Seagate, um grupo de altos gerentes participou de um programa no qual recebiam regularmente relatórios quantificando sua carga individual e a carga média produzida por outros executivos do mesmo escalão e do mesmo departamento. Essa informação, combinada com diretrizes recebidas dos chefes, incentivou todos a rever sua conduta para liberar o tempo da organização.[6]

2. Fazer reuniões que funcionem

E aí chegamos à reunião propriamente dita. Empresa nenhuma pode eliminar toda e qualquer reunião. Algumas são fundamentais para a colaboração e a tomada de decisões críticas. A maioria das empresas pode, no entanto, melhorar radicalmente a qualidade das reuniões que faz. Basta adotar algumas normas simples:

- **Veja se a reunião é a opção certa.** Reuniões são ótimas para certas coisas, como ouvir a opinião das pessoas e chegar a uma decisão em grupo. Já para outras, como botar no papel uma estratégia, não são tão boas. Antes de marcar uma reunião, veja se é realmente a melhor opção para a tarefa em mãos.

- **Defina uma pauta clara – e seletiva.** Um número incrível de reuniões não tem pauta. Um estudo revelou que 32% delas não tinham qualquer programação e que somente 29% tinham uma pauta por escrito que fora distribuída de antemão a todos os participantes. Uma pauta clara informa prioridades. Além disso, deixa claro o que é possível postergar ou ignorar sem grandes riscos.

- **Sempre que possível, encurte a reunião.** Em geral, uma pessoa é capaz de manter a concentração em um assunto por 18 minutos, em média. Numa reunião, mudar de assunto pode renovar o interesse dos participantes, mas nunca ultrapassando uma duração total de cerca de 45 minutos. Em teleconferências, as pessoas param de prestar atenção depois de 23 minutos, em média.

- **Exija preparação prévia.** Segundo um estudo, até um terço dos participantes de reuniões vai para o compromisso sem ter se preparado. Na Ford, todo material para as BPRs semanais deve ser distribuído de antemão para ser examinado pelos participantes. Isso reduz consideravelmente o tempo dedicado à conferência de informações durante a BPR. Na Amazon, o CEO, Jeff Bezos, exige relatórios bem redigidos – nada de PowerPoints – para toda reunião da cúpula executiva. Ao abrir a reunião, Bezos dá 30 minutos para que todos leiam o material.

- **Seja metódico na condução de reuniões.** Deixe bem claro o propósito da reunião. Informe o papel de cada um nas decisões. Monte uma planilha que registre toda decisão tomada na reunião (se a planilha acabar vazia, você verá que as pessoas irão questionar o porquê da reunião). E não esqueça: comece na hora marcada. Um atraso de cinco minutinhos em cada reunião de uma hora de duração custa à empresa 8% do tempo reservado a reuniões. A maioria dos gestores não toleraria um desperdício de 8% em nenhuma outra área sob sua responsabilidade.

- **Termine antes, sobretudo se a reunião não estiver indo a lugar nenhum.** Se a reunião está prevista para durar 60 minutos, na maioria das empresas quase sempre ela vai durar essa hora, ainda que não seja necessário. É absurdo. Na Apple, Steve Jobs parava tudo quando via que a produtividade de uma reunião começava a cair ou que os participantes estavam despreparados. Alguns achavam esse estilo seco, mas Jobs evitava que se perdesse tempo e dinheiro em uma reunião que dificilmente iria produzir o resultado desejado.

Atenção, também, para a lista de convidados. Em muitas empresas, pega mal fazer uma reunião sem chamar meio mundo. O que ninguém parece entender é que cada pessoa a mais traz um custo. Além disso, gente desnecessária acaba atrapalhando. Não se esqueça da regra dos sete: ultrapassado esse número, cada pessoa a mais reduz em 10% a probabilidade de que se tome uma decisão boa, rápida e executável. Quando o número de participantes vai para 16 ou 17, a capacidade de decidir já é próxima de zero. O corolário desse princípio é que as pessoas devem recusar o convite para uma reunião se julgarem que sua presença é desnecessária. A participação em uma reunião deve mandar um recado: "Essa reunião é tão importante que estou disposto a parar tudo o mais que deveria estar fazendo para estar aqui com os demais participantes".[7]

E se, mesmo assim, aparecer gente demais? Há pouco, ficamos sabendo de um episódio envolvendo uma subsecretária de Defesa dos Estados Unidos a cargo da área de *procurement*. A primeira reunião com fornecedores partiu com umas 60 pessoas na sala. A reação dela foi dizer: "Primeiro, formemos um grande círculo. Agora, cada um de nós vai se identificar e dizer por que está aqui". Todo mundo fez cara de desagrado – teriam mesmo de participar daquele joguinho? Mas obedeceram. Depois que os dois primeiros se identificaram, a subsecretária disse: "Obrigada pelo interesse, mas sua presença aqui é desnecessária. Podem ir embora". Outros tiveram o mesmo destino. Quando chegou à décima pessoa do círculo, um punhado de gente já se levantava para partir, ciente de que não havia nenhum motivo real para estar ali. No final, sobraram umas 12 pessoas – e a produtividade da reunião quintuplicou.

3. Adotar uma abordagem holística

É difícil ir promovendo uma reforma dessas aos poucos, pois a tendência das pessoas será esquecê-la. É por isso que, em geral, recomendamos uma grande iniciativa para mudar práticas de reunião na empresa toda. Um bom exemplo é o da companhia australiana de energia Woodside.

A Woodside é a maior companhia independente de petróleo e gás da Austrália. No momento em que escrevíamos, tinha um valor de mercado de US$ 25 bilhões e cerca de 3.500 funcionários. Não faz muito, no entanto, o clima na organização era de frustração. A impressão é que toda hora havia uma reunião; com efeito, uma pesquisa revelou que o pessoal da administração passava entre 25% e 50% do tempo em reuniões, com altos líderes no topo dessa faixa. Havia, também, uma proliferação de relatórios – chegara-se ao ponto em que a maioria dos gerentes era obrigada a ler três ou quatro por dia. Conseguir uma autorização – para comprar uma passagem de avião, por exemplo – parecia levar uma eternidade. Durante um tempo, a empresa se fingiu de morta. Todo mundo estava ciente do agudo fardo organizacional, mas ninguém achava tempo para tomar providências.

Um dia, a diretoria da Woodside decidiu romper a inércia. Os líderes encomendaram um diagnóstico para quantificar o problema e montar um argumento para a mudança. O teste desmembrou o tempo consumido em reuniões por departamento, por níveis da organização, até por modalidade de reunião. Somou o tempo dos participantes de cada reunião para atribuir um valor monetário ao custo. A Woodside tem uma cultura de engenharia, movida a números – e esses números eram convincentes. Os executivos decidiram criar um programa piloto para identificar os departamentos mais afetados pela questão do tempo e testar, ali, uma série de soluções. As que funcionassem seriam estendidas a toda a organização.

O piloto foi concentrado em três unidades que, juntas, reuniam cerca de 13% dos funcionários visados. Ideias eram discutidas em grupos, que avaliavam tanto a facilidade de executá-las como seu provável efeito. Isso feito, as unidades deram início à implementação. Certas ideias eram de uma simplicidade incrível: por exemplo, programar o Outlook para marcar reuniões de 25 minutos em vez de 30, para dar àqueles que tinham reuniões em sequência tempo para se deslocar de uma sala de reuniões para outra. Outras exigiram mais esforço, como estabelecer e implementar, toda semana, períodos sem nenhuma reunião. A empresa testou várias outras técnicas. Criou ferramentas para calcular o custo de cada reunião com base no número de participantes e na duração. Deu a todos treinamento para a condução de reuniões eficazes e até treinou o que chamava de "gatekeepers" (secretárias de executivos, digamos) a controlar o processo de agendamento de reuniões. Toda reunião regular foi avaliada para garantir que era de fato necessária e relatórios semanais entregues aos líderes cotejavam o total de horas gastas em reuniões com metas individuais e da equipe.

O projeto piloto foi um sucesso e, durante os nove meses seguintes, as medidas mais eficazes foram instituídas empresa afora. O resultado? O tempo gasto em reuniões diminuiu 20% em média – o equivalente a cerca de 5% da capacidade total do pessoal em jornada integral (*full-time equivalent*). Cerca de 70% dos funcionários envolvidos opinaram que a eficácia das reuniões melhorara. "Agora, me sinto mais autorizado a recusar convites para reuniões nas quais minha participação não é necessária", disse um gerente. E outro: "Minhas reuniões são mais bem estruturadas e mais eficazes, pois os participantes chegam mais preparados para contribuir". Um terceiro deu um depoimento comovente do quão importante uma mudança dessas pode ser:

> Devo admitir que participei da sessão de introdução (...) com uma cética relutância. Fiquei particularmente chocado ao ver que passava uma média de 22 horas por semana em reuniões. Mas não foi de todo surpresa, pois já vinha empurrando a maior parte do meu tempo produtivo no trabalho para as noites e os fins de semana. Tanto minha equipe como minha família vinham sentindo os efeitos colaterais da minha falta de disponibilidade.
>
> Já sinto uma grande melhora no equilíbrio entre a vida pessoal e a profissional e no tempo que passo em minha mesa. É o início de uma jornada para aproveitar ao máximo meu tempo na empresa e recuperar aquele equilíbrio.

Quando uma empresa para de jogar tempo fora, a sensação das pessoas é que tiraram um peso de seus ombros.

※ ※ ※

Como disse Peter Drucker, o tempo é o recurso mais escasso de uma organização. Não há dinheiro capaz de comprar um dia de 25 horas ou de recuperar uma hora perdida em uma reunião improdutiva. Para conseguir o máximo de seus quadros, uma organização precisa tratar o tempo como o recurso escasso que é, criando orçamentos de tempo rigorosos e investindo o tempo organizacional para gerar o maior valor possível para a instituição e seus donos. Uma boa gestão do tempo é o primeiro passo para liberar o poder produtivo dos trabalhadores da organização. No próximo capítulo, vamos entrar em mais detalhe e mostrar como combater esse mal pela raiz.

TRÊS MANEIRAS DE LIBERAR O TEMPO DA ORGANIZAÇÃO

1. *Quem sabe o que é feito do tempo?* Com ferramentas hoje disponíveis, uma empresa tem como computar todas as horas consumidas em reuniões e comunicação. É uma ótima maneira de determinar a magnitude do problema.

2. *Tempo é dinheiro – e como tal deve ser tratado.* Isso significa elaborar orçamentos de tempo, monitorar investimentos de tempo e reduzir a perda de tempo.

3. *Gestão de reuniões é essencial.* Boas práticas de reuniões podem reduzir enormemente o tempo jogado fora – e tornar as reuniões que restarem muito mais produtivas.

3

SIMPLIFIQUE O MODELO OPERACIONAL

UMA GESTÃO DISCIPLINADA DO TEMPO permite que a organização faça mais – com mais eficiência. Há menos esforço em vão, menos perda de rendimento, menos tempo jogado fora. Mas e se o trabalho nem precisasse ser feito, para começo de conversa? E se houvesse bem menos gente planejando, executando e aprovando as atividades necessárias?

Em muitas empresas, a principal fonte do fardo organizacional é a enorme complexidade da organização e o consequente inchaço de unidades de negócios, departamentos e grupos de trabalho. A sul-africana Sasol, que atua no setor de energia e produtos químicos, promoveu há pouco uma transformação na organização para reduzir esse fardo. Antes de começar, a Sasol tinha 46 unidades de negócios e departamentos subordinados ao Comitê Executivo do Grupo, 210 subsidiárias, 72 entidades legais (só na África do Sul) e 49 comitês corporativos. Quando a situação chega a esse ponto, é difícil para qualquer um saber quem está fazendo o quê, quem é responsável pelo quê e se estão todos trabalhando da melhor maneira para agregar valor ao cliente. O resultado é a queda da produtividade.

A Sasol nem de longe é a única. Por todo o mundo empresarial, é possível ver complexidade e inchaço parecidos. O leitor pode reconhecer os sintomas em sua própria organização:

- **Decisões lentas.** Toda decisão importante parece envolver uma multidão de interessados e cada um quer dar seu palpite. Logo, decidir leva uma eternidade. Em outra grande empresa de recursos naturais, a contratação de um novo gerente geral para uma mina exigiu o envolvimento de três profissionais do RH, quatro líderes regionais e dois executivos da matriz. Para que todos chegassem a um acordo sobre um nome, em geral levava meses. Enquanto isso, a vaga seguia aberta e candidatos promissores eram contratados por concorrentes mais ágeis.

- **Cultura da "espiral".** Muitos funcionários analisam dados que não interessam a ninguém. Redigem relatórios que ninguém lê. Preparam apresentações que nunca levam a uma decisão. Em pouco tempo, instala-se a cultura da "espiral". Nela, cada questão que surge gera trabalho e custo adicionais – sem produzir qualquer resultado. Uma representação visual dessa cultura tóxica seria bem parecida à espiral da Figura 3-1.

- **Custos administrativos descontrolados.** Despesas gerais e administrativas vão subindo como proporção das vendas. A alta se concentra em cargos de gerência e funções de apoio. Na Sasol, de 2007 a 2012 os custos fixos tinham subido em média quatro pontos percentuais ao ano acima da inflação – mesmo com a produção basicamente estagnada. O número de gerentes crescera a quase o dobro do ritmo do total dos quadros.

Muitas empresas apostam em métodos tradicionais para combater a elevação de custos e o inchaço organizacional. Primeiro, soltam uma diretriz: esse ano não haverá aumento de salário por mérito. Na esteira, suspendem as contratações. Depois, cortam a contribuição da empresa ao plano de pensão ou algum outro benefício. Por último, a diretoria ordena um corte geral na folha. Se todas essas medidas não tiverem o efeito desejado – e raramente têm

Simplifique o modelo operacional

FIGURA 3-1

Cultura da espiral

Organizações complexas costumam ficar paralisadas pela "espiral" burocrática e perder o foco naquilo que importa

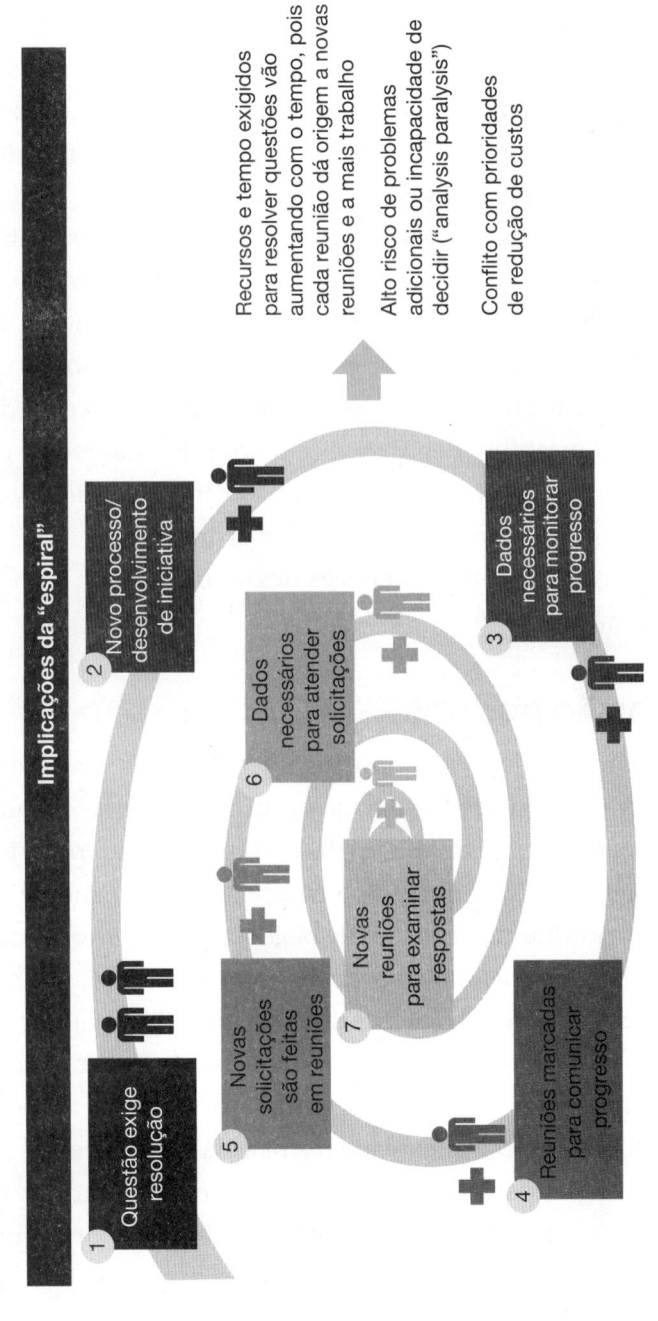

Implicações da "espiral"

1. Questão exige resolução
2. Novo processo/desenvolvimento de iniciativa
3. Dados necessários para monitorar progresso
4. Reuniões marcadas para comunicar progresso
5. Novas solicitações são feitas em reuniões
6. Dados necessários para atender solicitações
7. Novas reuniões para examinar respostas

- Recursos e tempo exigidos para resolver questões vão aumentando com o tempo, pois cada reunião dá origem a novas reuniões e a mais trabalho
- Alto risco de problemas adicionais ou incapacidade de decidir ("analysis paralysis")
- Conflito com prioridades de redução de custos

Fonte: Bain Brief, "Four Paths to a Focused Organization"

–, a diretoria lança uma vasta campanha de corte de custos, o que volta e meia inclui reestruturar a organização. Mas nem assim o fardo organizacional desaparece. "Temos um projeto de contenção de custos ou reestruturação a cada dois anos", queixou-se o diretor-gerente de uma divisão da Sasol. "Mas não estamos aprendendo com nossas experiências."

O fardo organizacional não tem fim porque essa abordagem é equivocada. Se eliminar gente mas não eliminar *trabalho*, é inevitável que as pessoas uma hora voltem. Da mesma forma, se eliminar trabalho mas não eliminar gente, o trabalho também vai voltar. A verdadeira fonte do fardo organizacional são tarefas desnecessárias, responsabilidades vagas – e a complexidade que produz isso tudo. Ou seja, é preciso combater a complexidade organizacional pela raiz para poder liberar o poder produtivo.

Vejamos todas as dimensões desse problema e como enfrentar cada uma.

MALDIÇÃO DOS NÓS

A complexidade organizacional costuma ser pouco entendida. É vista como um mal passageiro, algo que infecta uma organização como uma doença – quando, na verdade, é um produto natural do crescimento. À medida que cresce, a empresa inevitavelmente cria mais linhas de produtos e unidades de negócios. Abre novos canais, vai para outras regiões, inclui mais segmentos de clientes. Compra ou une-se a outras. Cada decisão dessas cria um novo elemento organizacional e cada novo elemento tem de cruzar e interagir com todos os demais elementos. Essas interseções – o que chamamos de *nós* – são a fonte fundamental da complexidade na maioria das empresas.

Para entender por que isso ocorre, imagine uma empresa simples, com duas linhas de produtos e cinco departamentos. Cada vez que os líderes tomam uma decisão envolvendo produtos e

Simplifique o modelo operacional

departamentos, é preciso 11 interações: uma entre cada uma das duas organizações de produtos e cada um dos cinco departamentos e uma entre as duas organizações de produtos. Imagine, agora, que para se aproximar do cliente a empresa acrescente duas unidades dedicadas a clientes – só duas – à organização. O número de interações para as decisões ali dentro não aumenta só em 2: de 11 para 13; aumenta, isso sim, em 15: de 11 para 26 (veja Figura 3-2). A complexidade organizacional mais do que dobra por conta da expansão geométrica do número de nós.[1]

FIGURA 3-2

Nós têm expansão geométrica

Uma matriz simples de linhas de produtos tem apenas 11 "nós" de interação. O acréscimo de apenas 2 unidades em uma terceira dimensão cria 26 nós – mais do que o dobro da complexidade

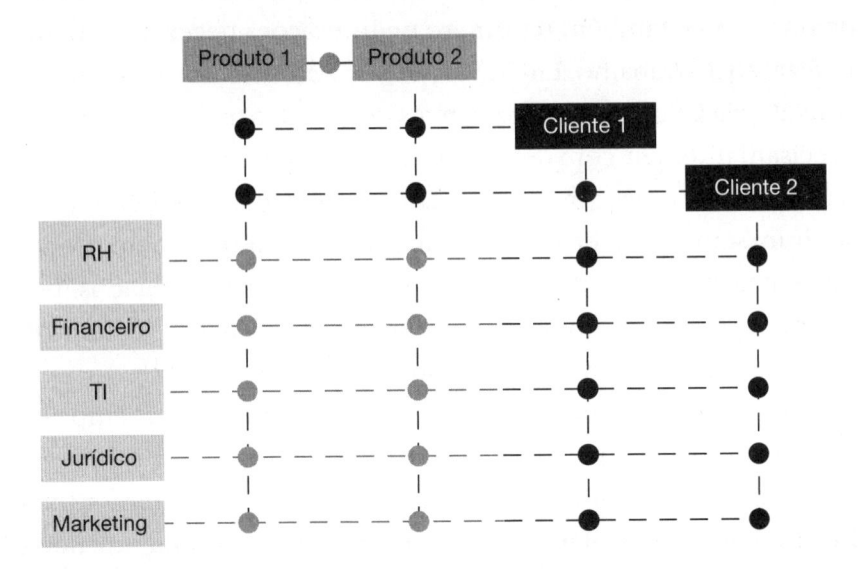

Fonte: Bain & Company

Não se trata de uma questão teórica, mas de um problema bem real. No campus de Berkeley da California University, cada departamento acadêmico tinha seu próprio pessoal de RH, TI e finanças, além de uma equipe administrativa, criando inúmeros nós para toda decisão administrativa importante. Uma grande empresa de energia vivia drama parecido: tinha criado vários postos de gerência geral ao longo dos anos para incentivar executivos a pensar como donos – e cada um desses novos gerentes esperava ter sua própria equipe de RH, seu departamento de TI, financeiro, de controle de qualidade. Nesse caso, o número de nós disparou de 800 para 12 mil num intervalo de dez anos.

Cada nó acrescentado pode levar (e geralmente leva) a mais interações. Obviamente, algumas dessas interações são valiosas. Já outras, nem tanto: podem servir apenas para se chegar a um acordo sobre dados, para administrar novos stakeholders ou para os preparativos para a reunião seguinte. À medida que aumenta o número de nós, cresce também o número de interações necessárias para a realização do trabalho. Em um estudo de 2015, a firma de pesquisa e consultoria CEB descobriu que mais de 60% dos trabalhadores hoje precisam interagir com dez ou mais pessoas todo dia para fazer seu trabalho; 30% precisam interagir com 20 ou mais. Esses percentuais subiram sem trégua nos últimos cinco anos. A CEB também revelou que entre 35% e 40% dos gerentes "estão tão sobrecarregados [pela colaboração] que, na prática, é impossível fazerem seu trabalho de forma eficaz", segundo o pesquisador Brian Kropp.[2]

Para avaliar a propagação da complexidade em sua empresa, monte um "mapa nodal" de decisões cruciais da organização. Pegue um conjunto limitado de decisões que envolvam a empresa toda: fusões e aquisições, lançamento de produtos, entrada em novos mercados, grandes investimentos de capital e afins. Tomadas periodicamente, são decisões de grande impacto sobre o valor da empresa. Agora, indique o número de departamentos que precisam participar desse processo decisório (produção, marketing, financeiro e recursos humanos, por exemplo); como participam (gerando dados, conferindo análises); e como interagem (por meio de comitês ou reuniões de governança). Determine o número exato de interações ou nós de decisão necessários para tomar e executar uma única decisão de peso.

Os resultados desse simples exercício podem ser reveladores. Em uma grande empresa, a equipe de publicidade tinha de apresentar a proposta de qualquer campanha a todas as unidades de negócios da empresa, aos grupos de produtos e ao grupo de marketing interno – talvez dez nós no total. Se uma campanha sofresse qualquer objeção durante esse processo de aprovação – algo comum na publicidade –, os membros da equipe tinham de percorrer de novo todos os nós. Logo, o número de possíveis interações era bem maior do que o número de nós em si. Em outra empresa, os líderes foram analisar o número de relatórios elaborados para respaldar grandes investimentos em P&D. Descobriram que cada departamento, divisão e grupo de clientes fazia sua própria apresentação para defender projetos de seu particular interesse. Horas e horas eram gastas na coleta e análise das informações necessárias para cada relatório desses, e longos apêndices acompanhavam a maioria das apresentações. Apesar disso, altos líderes nunca liam a vasta maioria – mais de 60%.

Em nossa experiência, mapear a complexidade dos nós de certo número de decisões cruciais cria um sentido de urgência da necessidade de mudar. Quando vê a complexidade envolvida na tomada e na execução de decisões importantes, a maioria dos líderes quer tomar medidas imediatas para simplificar a organização.

"SPANS AND LAYERS" NÃO RESOLVEM TUDO

Diante da crescente complexidade, muitas empresas recorrem a uma velha solução: chamar consultores para estudar o número de níveis hierárquicos ("layers") da organização e a amplitude de controle ("spans") de cada gerente. A ideia, em geral, é avaliar se a organização funcionaria melhor (ou pelo menos tão bem quanto) com amplitudes de controle maiores e menos camadas gerenciais. Se funcionasse, teria menos supervisores e, portanto, custos menores. Muitas empresas adotam critérios genéricos como a "regra dos oito" – ou seja, nenhum gerente deveria ter menos de oito subordinados diretos. Em seguida, reconfigura tudo o que não se encaixa nesse referencial.[3]

A lógica por trás da abordagem de *spans and layers* é forte: supervisores desnecessários criam trabalho e não aumentam a eficiência, o que reduz a produtividade da organização. Aliás, é comum a empresa subestimar o verdadeiro custo de todos esses supervisores. Tempos atrás, estudamos quanto custava acrescentar um gerente ou executivo e descobrimos aí um efeito multiplicador. Ao ser contratado, um gerente costuma gerar trabalho suficiente para manter mais outra pessoa igualmente ocupada. O custo de altos executivos – vice-presidentes seniores e vice-presidentes executivos – é ainda maior. Esses indivíduos, já caros, em geral exigem o suporte de uma caravana de assessores e coordenadores. Essa equipe de apoio gera muito mais trabalho para outras pessoas também. A carga adicional chega a 4,2 FTE por contratado, incluindo o tempo do próprio executivo (veja Figura 3-3).[4]

Ou seja, mudanças na amplitude do controle e em níveis hierárquicos que eliminem supervisores desnecessários podem, sim, ser úteis – mas só se feitas corretamente. A regra dos oito, por exemplo, raramente vale. O trabalho transacional altamente repetitivo em geral permite um span de controle maior, de talvez 15 ou mais pessoas sob um supervisor. Já o trabalho especializado requer uma supervisão mais estreita e, portanto, uma amplitude menor, em geral de menos de cinco subordinados. A ideia não é simplesmente eliminar camadas, mas adaptar a estrutura de supervisão ao trabalho em questão.

FIGURA 3-3

O verdadeiro custo de seu próximo gerente

Quanto mais elevado o escalão do gerente, mais equipe de apoio ele vai precisar. Veja abaixo quanto tempo isso exige de todos os envolvidos.

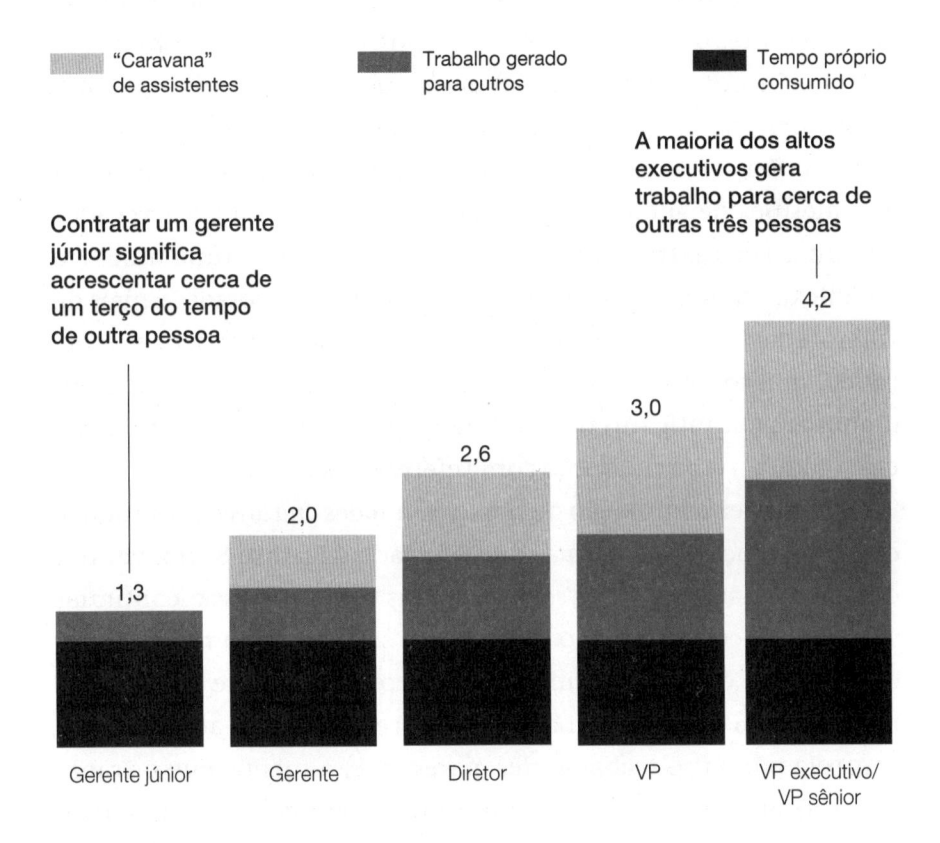

- "Caravana" de assistentes
- Trabalho gerado para outros
- Tempo próprio consumido

Contratar um gerente júnior significa acrescentar cerca de um terço do tempo de outra pessoa

A maioria dos altos executivos gera trabalho para cerca de outras três pessoas

Gerente júnior	Gerente	Diretor	VP	VP executivo/ VP sênior
1,3	2,0	2,6	3,0	4,2

Fonte: Michael C. Mankins, "The True Cost of Hiring Yet Another Manager", *Harvard Business Review*, June 2014

Também é importante identificar problemas que não aparecem na maioria das análises de *spans and layers*. Uma grande empresa do setor de defesa, por exemplo, vinha sofrendo forte pressão do governo, que queria que a empresa derrubasse custos. Uma análise mostrou que ela tinha um número razoável de níveis hierárquicos e que sua amplitude de controle era maior até do que os benchmarks. Um exame mais detido, no entanto, revelou que, embora muitos gerentes tivessem um número considerável de subordinados diretos – alguns até 14 –, apenas um ou dois desses subordinados eram gerentes de "linha" que tinham outros indivíduos sob seu comando. Os outros (até 12 cada) eram "pessoal de apoio" que ajudava a preparar a documentação, cuidava de processos e aprovações e coisas afins. Enquanto essas equipes imensas trabalhavam em questões de apoio, outros grandes grupos eram encarregados de tentar fazer o trabalho do dia. Em um exemplo, uma única – e complexa – mudança de engenharia envolveu 125 pessoas e mais de 700 interações. Não é de admirar que as coisas estivessem emperrando, mas todos achavam que estavam fazendo o melhor que podiam para garantir um produto de qualidade e que a organização era "enxuta" na comparação com referenciais.

A verdadeira limitação de mexer em *spans and layers*, contudo, é que essa solução não ataca a complexidade pela raiz. Se houver nós demais, as decisões serão sempre lentas e os custos vão continuar subindo. Se certo trabalho não precisa ser feito, não faz qualquer diferença se é feito em uma unidade com amplitude de controle média de 2, 6 ou 26. Eliminar supervisores e mudar a amplitude de controle não faz o trabalho desaparecer. E, a menos que o trabalho seja eliminado, as pessoas necessárias para fazê-lo – e os custos correspondentes – logo reaparecerão. A tarefa fundamental – e que frustra muitas empresas – é, portanto, eliminar nós desnecessários e trabalho desnecessário. A seguir, mostraremos como.

DEIXE CLARO SEU MODELO OPERACIONAL

Toda empresa de grande porte tem um modelo operacional, explícito ou implícito. O modelo operacional é o elo entre a estratégia e a execução. Esse modelo descreve a estrutura de alto nível da empresa – por linha de produto, por região geográfica ou país, por departamento, por cliente e assim por diante. Define direitos de decisão e responsabilidades. Serve, ainda, como um guia de como a empresa irá organizar recursos para realizar tarefas críticas. Logo, o modelo engloba uma série de decisões essenciais, incluindo:

- Que formato e tamanho terá cada unidade de negócios
- Quais serão as fronteiras entre distintas linhas de negócios
- Como as pessoas trabalharão juntas dentro e para além dessas fronteiras
- Como o centro corporativo agregará valor às unidades de negócios
- Que normas e comportamentos a empresa quer incentivar

A quantidade e o tipo de gente que a empresa precisa e o formato organizacional no qual essas pessoas trabalham (indicado pelos *spans* e *layers*) são resultados, ou *outputs* – e refletem escolhas ligadas ao modelo operacional.

O gráfico na Figura 3-4 apresenta os elementos de um modelo operacional de forma simplificada e explica como cada um contribui para o trabalho feito em uma organização. A *estrutura* determina o potencial número de nós. As *responsabilidades* determinam que nós são ativados ou desativados pela distribuição de responsabilidades, autoridade e recursos. A *governança* determina a frequência e a natureza das interações entre os nós. E o *modo de trabalho* determina com que eficiência e eficácia são realizadas essas interações. Para eliminar trabalho de uma organização – e impedir que ressurja –, uma empresa deve abordar sistematicamente cada elemento do modelo operacional.[5]

FIGURA 3-4

Para eliminar trabalho, simplifique o modelo operacional

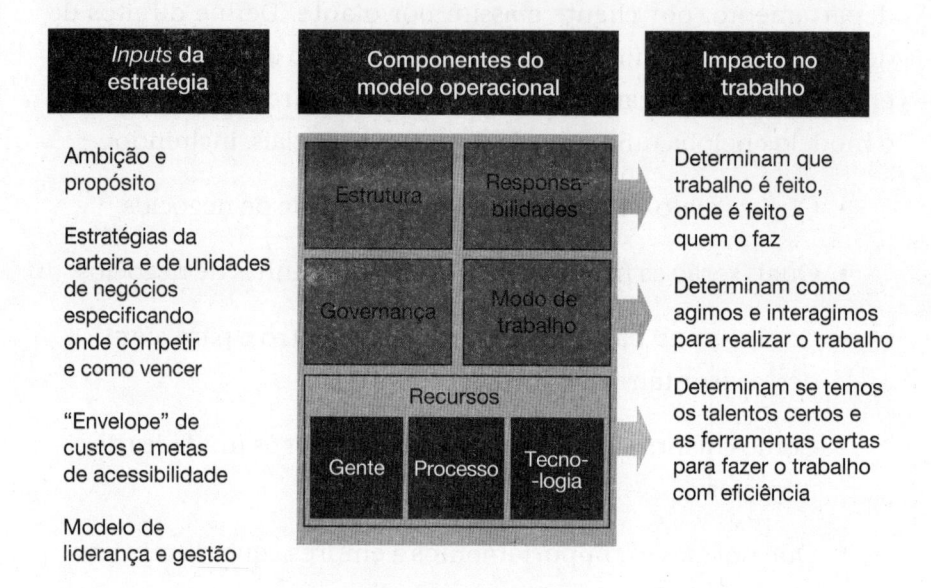

Inputs da estratégia	Componentes do modelo operacional	Impacto no trabalho
Ambição e propósito	Estrutura / Responsabilidades	Determinam que trabalho é feito, onde é feito e quem o faz
Estratégias da carteira e de unidades de negócios especificando onde competir e como vencer	Governança / Modo de trabalho	Determinam como agimos e interagimos para realizar o trabalho
"Envelope" de custos e metas de acessibilidade	Recursos: Gente / Processo / Tecnologia	Determinam se temos os talentos certos e as ferramentas certas para fazer o trabalho com eficiência
Modelo de liderança e gestão		

Fonte: Bain & Company

1. Simplifique a estrutura

Um modelo operacional complexo invariavelmente leva a uma estrutura complexa e a um excesso de nós de decisão. Esse, contudo, é o drama vivido por muitas empresas de grande porte: seu modelo operacional é desnecessariamente complexo. Em vez de definir uma dimensão dominante para a tomada de decisões, por exemplo, essas empresas adotam uma série de estruturas sobrepostas ou uma organização matricial intrincada com gente detendo simultaneamente responsabilidades distintas (e possivelmente conflitantes). Examinar com lupa seu modelo operacional é uma oportunidade tanto de simplificá-lo como de garantir que esteja refletindo a estratégia da empresa.

Simplifique o modelo operacional

Foi, basicamente, o que a Sasol fez. Maior companhia de energia e produtos químicos da África do Sul, a Sasol era respeitada, próspera e financeiramente bem-sucedida. Mas duas questões cruciais atormentavam os líderes da empresa. Uma era o aumento contínuo dos custos fixos – a um ritmo bem maior que o da inflação – mencionado anteriormente. A segunda era o impressionante grau de complexidade organizacional, com uma profusão de unidades de negócios, departamentos, comitês. Esses dois problemas estavam mascarados pela cotação do petróleo, mas a empresa ficaria vulnerável se o preço caísse. "Tínhamos criado várias UNs ao longo dos anos para promover o crescimento", explicou um executivo. Mas, "embora tivéssemos conseguido fazer a empresa crescer, isso criou vários silos na organização; estávamos muito ocupados fazendo negócios com nós mesmos em vez de estar totalmente focados no mercado e na rentabilidade sustentada". Muitos gerentes da Sasol sentiam, por exemplo, que passavam tempo demais em reuniões discutindo coisas como preços de transferência e a complexidade de interfaces. Além disso, decisões sobre assuntos importantes podiam levar semanas para ser tomadas, pois ficavam emperradas em algum comitê. Se a situação do mercado subitamente mudasse, com que rapidez a Sasol seria capaz de reagir, indagavam os executivos?

A Sasol resolveu reformular o modelo operacional para fechar o foco em cada parte da cadeia de valor – compra, produção e venda –, agrupando os negócios em divisões de atividades upstream, operações & vendas e marketing. Foi adotada uma demonstração global de resultados, com atividades reunidas para otimizar as margens da empresa. O número de unidades de negócios e departamentos foi reduzido em mais de um terço, para que a empresa passasse menos tempo "fazendo negócios" consigo mesma. O total de entidades legais na África do Sul por meio das quais a Sasol conduzia os negócios caiu de 72 para 35, com planos adicionais de chegar a menos de 20 (essa medida, por si só, reduziu bastante a carga de trabalho dos departamentos financeiro, jurídico e administrativo). Além disso, a empresa simplificou comitês corporativos, enxugando o total de 49 para 13 e cortando o número de participantes de cada um. Para complementar essas medidas estruturais, foi dada ênfase a três comportamentos essenciais: seguir um plano de ação comum, acreditar que todos cumpririam os compromissos assumidos e agir com os interesses do grupo Sasol inteiro em mente, não da respectiva unidade. Altos gerentes da empresa assinaram um documento se comprometendo a honrar esses princípios – um gesto simbólico que representava o compromisso do CEO se difundindo por toda a organização.

Os efeitos se fizeram sentir de alto a baixo na empresa. "O impacto [dessas medidas] na liderança foi tremendo", disse um executivo. Muitas horas foram poupadas. "Estamos passando mais de 60% menos tempo em reuniões internas e de governança do que antigamente e estamos conseguindo usar o tempo liberado para focar a gestão do negócio." Decisões são tomadas mais rapidamente: quando o preço do petróleo caiu, a Sasol foi a primeira do setor a mostrar ao mercado um plano de reação abrangente. E a empresa é muito mais eficiente do que antes: a taxa de crescimento dos custos fixos caiu de quatro pontos percentuais acima da inflação para oito pontos abaixo.[6]

2. Reavalie os nós do zero

Até empresas com uma estrutura robusta, porém, podem descobrir que estão fazendo trabalho redundante ou desnecessário. Uma empresa pode, por exemplo, ter unidades organizadas em torno de produtos e países. Cada uma delas vai se sentir responsável por vendas, cada uma vai compilar os próprios dados e cada uma vai lançar as próprias iniciativas – muitas vezes sem qualquer coordenação com as outras. Ou a empresa pode ter um departamento

Simplifique o modelo operacional

financeiro central complementado por escritórios financeiros regionais – e é bem provável que todos façam relatórios semelhantes e que as informações de um não batam necessariamente com as informações dos outros.

Nesse contexto, é útil reavaliar do zero os nós, como quando se monta um orçamento base zero. Se estivesse criando a organização do zero, como ela seria? Que nós são essenciais e quais poderiam ser eliminados? Para enxugar a estrutura nodal de uma organização, temos um mandamento bem simples.

Faça menos, faça melhor, faça uma única vez e faça no lugar certo.
Uma multinacional com um departamento financeiro central, por exemplo, dificilmente vai precisar de uma organização financeira regional e de departamentos financeiros em cada país. Naturalmente, pode haver bons motivos para a redundância aqui e ali. Talvez seja preciso montar um departamento de compliance para cada país para computar diferenças regulatórias – deixando à organização central de compliance a responsabilidade por garantir que operações multinacionais respeitem diretrizes internacionais. Mas a ideia é, sempre que possível, reduzir a redundância.

Em geral, um nó envolve um gerente (embora nem todo gerente represente um nó) e um conjunto de direitos de decisão. Direitos de decisão precisam ser explicitados, como mostraremos ainda neste capítulo. Mas nem todo nó é igual. A interseção de uma grande linha de produtos ou serviços com uma região geográfica importante provavelmente envolve um belo volume de receita – e será administrada por um alto executivo responsável por decisões importantes e, geralmente, por resultados financeiros (P&L). Em contrapartida, a interseção de uma unidade de negócios regional com uma área menor do mapa (um país, digamos) provavelmente terá um gerente júnior com direitos de decisão limitados e sem responsabilidade por resultados. Nós "mais pesados" – aqueles que envolvem mais trabalho e maior complexidade – devem ser abordados primeiro. E o valor para a empresa, como o volume de receita envolvido, deve ser um fator crucial para decidir onde manter, acrescentar ou eliminar nós.

Uma empresa de tecnologia com a qual trabalhamos há pouco é um exemplo. Antes de chegarmos, a organização estava estruturada em uma matriz tridimensional de geografias, verticais e linhas de produtos ou serviços. Cada uma dessas três dimensões tinha um P&L, e todos os líderes de P&Ls achavam que deviam controlar todos os recursos necessários para administrar o desempenho de sua unidade específica. Todo nó dessa matriz tridimensional era tratado como se tivesse o mesmo peso – e todos interagiam com RH, financeiro, TI e outros departamentos de apoio. Depois de muita consideração, os líderes da empresa decidiram que a dimensão geográfica da matriz era a mais importante para a execução da estratégia. Dali em diante, os líderes geográficos seriam os responsáveis pelo P&L, as linhas de serviços responderiam pelos custos e pela qualidade e as verticais foram reimaginadas como centros de excelência, sem responsabilidade por resultados financeiros e mínima autoridade para investir. Ao rever do zero os nós necessários para executar a estratégia, a empresa reduziu o total de nós em mais de 25% – redução que abriu caminho para um aumento da produtividade.

3. Desative nós que já não estejam agregando valor

Empresas sabem como *fazer* coisas. Inovam, crescem, lançam iniciativas e, é claro, adicionam nós. Para cada coisa dessas, contam com processos elaborados. Quando chega janeiro, definem o que é prioritário "fazer" no ano. Em geral, o que uma empresa não sabe é como *parar* de fazer coisas. Há poucos processos – ou nenhum – para suspender iniciativas infrutíferas e eliminar partes dispensáveis da organização. Digamos que a empresa crie "centros de excelência",

Simplifique o modelo operacional

por exemplo. Se mais tarde se provarem disfuncionais ou simplesmente supérfluos, esses centros vão seguir existindo simplesmente porque não há um processo para fechá-los. Um exemplo: uma concessionária de serviços públicos com a qual trabalhamos tempos atrás passou anos reformulando o sistema integrado de gestão, o ERP. Um ano depois de concluído o projeto, o comitê supervisor ainda se reunia duas horas por semana para "avaliar o progresso" da iniciativa. Obviamente, havia pouquíssimo progresso a avaliar, mas a reunião seguia consumindo um tempo precioso. Exceto durante crises, é raro a empresa ter uma lista de atividades a abandonar. Uma das medidas mais importantes que qualquer executivo pode tomar é simplesmente dizer: "Fim!".

Além de encerrar iniciativas desnecessárias – sobretudo se já tiverem sido concluídas –, há outras duas boas medidas para a suspensão imediata de atividades. Uma delas é eliminar fontes diversas de dados. Sempre que distintas unidades de uma empresa geram relatórios, é alta a probabilidade de que os dados não batam exatamente e que, portanto, alguém seja encarregado de conciliá-los. Para evitar esse trabalho desnecessário, a empresa pode estabelecer uma "única fonte de dados" para todas as decisões. A outra providência é definir que operações são essenciais para a estratégia e investir muito mais nelas, em vez de distribuir o investimento uniformemente. "A liderança dá o tom ao focar a atividade naquilo que agrega valor à empresa", diz um executivo da Sasol. "Passamos a usar muito o adjetivo 'adequado', em vez de tentar ser 'excelentes' ou os 'melhores' em tudo."

4. Minimize o número de interações entre nós

Nós não passam de pessoas – e quanto mais pessoas houver para interagir, mais tempo será perdido em interações desnecessárias. Alinhar as estruturas de diferentes grupos permite reduzir e simplificar as interações necessárias para a realização de tarefas cruciais. A Dell traz um ótimo exemplo. Assim como em muitas empresas de tecnologia, quando vai vender seus produtos a clientes comerciais a Dell conta com o envolvimento de várias partes. Um executivo de contas administra a relação com cada cliente. Ao identificar a necessidade específica de um produto, esse gerente convoca especialistas e engenheiros para adaptar o produto da Dell para melhor atender às necessidades do cliente. Na Dell, executivos de contas sempre foram organizados por vertical: saúde, tecnologias de internet e assim sucessivamente. Já especialistas e engenheiros de produtos da empresa eram organizados por produto e, depois, por região geográfica – e não por vertical. Para vender a mesma solução de produtos para um mesmo tipo de cliente (uma organização de saúde, digamos), um executivo de conta tinha de trabalhar com um grupo de especialistas de cada região envolvida. Eram muitas interações distintas para concretizar um mesmo tipo de venda.

O que a Dell fez foi reduzir o número de interações. Primeiro, alinhou a estrutura dos executivos de contas com a de especialistas e engenheiros de produtos, migrando a organização de executivos de contas para uma estrutura geográfica. Com isso, o número de especialistas e engenheiros de produtos com que um executivo desses precisava interagir caiu de 11 indivíduos para uma média de 5. Isso significou menos tempo perdido aprendendo a trabalhar com um grupo novo de gente e níveis de produtividade de vendas mais altos.

Uma segunda maneira de simplificar a estrutura de nós é deixar absolutamente claros os direitos de decisão. Afinal, muita interação entre um nó e outro é pura política. É gente querendo proteger território, querendo ter voz em decisões. Quando direitos de decisão são esclarecidos e respeitados, boa parte desse vaivém acaba. A missão, portanto, é primeiro dissecar o processo de tomada e execução de decisões importantes e, em seguida, garantir que todo mundo entenda seu papel.

Simplifique o modelo operacional

A Bain tem uma ferramenta de atribuição de direitos de decisão que pode ajudar: é a RAPID,* um acrônimo em inglês para os cinco papéis fundamentais para uma decisão, desde a preparação que a antecede até sua execução:

- R significa *recommend* (recomendar). O indivíduo ou a equipe "a cargo do R" é responsável por reunir dados, avaliar cursos de ação alternativos e dar sua recomendação.

- I é de *input* (colher opiniões). O pessoal do "R" consulta gente com expertise relevante para ouvir sua opinião. Estes são o pessoal do "I", que não tem poder de veto nem a responsabilidade de dar uma recomendação.

- A representa *agree* (aprovar). Indivíduos responsáveis pelo "A" – muitas vezes do departamento jurídico ou de compliance – precisam aprovar as alternativas sendo consideradas antes que passem à avaliação e antes que uma recomendação seja feita ao indivíduo que vai decidir.

- D é *decide* (decidir). Na maior parte das empresas, uma única pessoa deveria "ter o D" para decisões de suma importância – e assumir a responsabilidade por elas.

- P significa *perform* (executar). A equipe a cargo do "P" é responsável por executar a decisão na hora certa.[7]

O normal é que a empresa faça uma análise RAPID completa – atribuindo papéis de decisão explícitos – somente em decisões de caráter crítico, que envolvem muito valor. Naturalmente, a classificação de "caráter crítico" é mais ampla do que se supõe. Inclui não só decisões importantes e pontuais como um grande investimento de capital, mas também decisões cotidianas que vão agregando

---

* RAPID® é uma marca registrada da Bain & Company,

bastante valor ao longo do tempo. Quem usa a RAPID há bastante tempo sente, no entanto, uma espécie de contágio: ou seja, uma vez acostumado a definir direitos de decisão para coisas importantes, o gerente tende a aplicar o raciocínio e a linguagem no trabalho rotineiro (a perguntar, por exemplo, se a pessoa "tem o D" para tal decisão). Logo, a ferramenta ajuda a esclarecer papéis de decisão em toda a organização.

A Woodside, a empresa australiana de petróleo e gás, serve novamente de exemplo. Por muitos anos, a empresa vinha operando com uma estrutura matricial. Embora a matriz tivesse sido projetada para incentivar uma colaboração maior por toda a empresa, a autoridade e a responsabilidade por decisões eram vagas. O resultado é que o tempo gasto na coordenação entre departamentos e unidades de negócios subira drasticamente, elevando os custos. Em 2012, a liderança da Woodside adotou expressamente uma série de princípios operacionais que definiam responsabilidades, autoridade e *accountability* para cada unidade de negócios, para cada departamento e para a matriz. Um vasto programa de treinamento ajudou a garantir que os principais líderes da empresa entendessem os novos princípios e as implicações para sua respectiva unidade. Foi criada uma pequena rede de "navegadores" para ajudar a remover obstáculos e acelerar a tomada de decisões na empresa.

O impacto dessas mudanças foi profundo. Agora que sabem claramente quem é responsável por decisões importantes, os executivos da Woodside otimizaram o modo como essas decisões são tomadas, liberando tempo. E uma parcela considerável desse tempo hoje é dedicada a iniciativas para melhorar a execução e identificar novas oportunidades de crescimento para a empresa.

Papéis de decisão bem definidos ajudam a prevenir a complexidade. É algo importante, pois os nós têm o dom de se reinserir nas operações de uma empresa – o que não é difícil de entender: o diretor de engenharia de produtos acha que sua opinião sobre como o produto é comercializado devia pesar, enquanto a diretora de marketing acha que devia ser consultada sobre os recursos a incluir no novo modelo. A menos que os papéis estejam claros, essas interações entre distintos nós podem levar a conflitos.

5. Pirâmide deve ser encolhida, não só achatada

Voltamos agora à amplitude de controle e aos níveis hierárquicos – aos *spans and layers*, que seguem sendo um aspecto essencial da estrutura da organização e podem exigir ajustes. Quando reduz a complexidade nodal, a empresa descobre oportunidades que não tinha antes. Pode, na prática, encolher a pirâmide organizacional – em vez de apenas achatá-la com amplitudes maiores e menos camadas.

Para encolher a pirâmide, parte-se de uma série de constatações bem simples. Uma delas é que, se uma organização nem devesse existir para começo de conversa, uma amplitude de controle de oito não é melhor do que uma amplitude de controle de dois. O verdadeiro desafio não é reestruturar unidades existentes: é determinar o número mínimo de unidades necessárias para que a empresa faça o que tem de fazer. Uma segunda constatação é que muitas empresas, assim como a empresa do setor de defesa que citamos anteriormente, têm muito mais gente "observando" do que "fazendo". Executivos estão distantes do trabalho na linha de frente – e tendem a ir a reuniões com uma caravana de observadores para que a equipe inteira possa estar informada, produzir os dados que a reunião exigir e, na sequência, resolver quaisquer pendências.

Uma empresa que resolve encolher a pirâmide encara tudo com outra mentalidade. O que faz, basicamente, é definir do zero a estrutura e tentar determinar o número mínimo de pessoas exigidas para tomar e executar as decisões necessárias. Sua tese é de que os gerentes serão pessoas que orientam e fazem – gente que se envolve ativamente na realização do trabalho, e não chefes distantes. A empresa elimina gente cujo único aporte é examinar e aprovar – eliminando, na prática, muito desse trabalho. O efeito dessa abordagem é reduzir enormemente o número de camadas gerenciais. E, ainda que acabe reduzindo a amplitude de controle média, o resultado é uma operação muito mais eficiente e eficaz.

Não há fórmula mágica que indique como a organização deveria ser, pois empresas atuam em setores com dinâmicas competitivas bastante distintas. A Anheuser-Busch InBev (AB InBev) opera em uma categoria relativamente madura na qual a gestão de custos é fundamental para gerar valor e vencer a concorrência. É uma empresa com muito menos níveis hierárquicos do que a maioria e com amplitudes de controle reduzidas, o que garante que todo mundo ali dentro seja alguém que faz, e não um gerente burocrático. O resultado é uma organização incrivelmente enxuta. Na prática, o que a empresa diz a seus gerentes é que o pessoal sob seu comando é responsabilidade deles, mas que não haverá tempo para a microgestão – pois estarão todos ocupados com seus próprios deveres. O Google, que atua em um mercado dinâmico e de crescimento acelerado, tem outro modelo organizacional – mas um resultado parecido no que tange à interação entre gerentes e suas equipes. No Google, a maior parte do trabalho é feita por equipes autônomas e gerentes têm uma amplitude de controle bem alta. Na prática, o que o Google diz a seus gerentes é que a função deles não é supervisionar o pessoal formalmente subordinado a eles, mas ajudar equipes a mostrar resultados – pois haverá subordinados diretos demais para permitir a microgestão. Os dois modelos partem do zero, produzindo uma estrutura que não é maior do que precisa ser para executar a estratégia da empresa de forma eficiente e eficaz.

O fardo organizacional é incapacitante. A empresa acometida por esse mal perde tempo, faz coisas desnecessárias e opera de forma ineficiente. Para curar a organização dessa doença, são necessárias medidas de gestão do tempo e redução da complexidade rigorosas e sustentadas, como as que descrevemos aqui e no capítulo anterior. Mas, para criar uma organização de rendimento verdadeiramente alto, é preciso muito mais do que simplesmente eliminar esse fardo. É preciso atrair, cultivar e tirar pleno proveito de grandes talentos. É preciso engajar e inspirar as pessoas para que a organização possa aproveitar seu entusiasmo e criatividade. E é preciso criar uma cultura na qual todo trabalhador se sinta responsável pela organização – que se importe com seu destino e queira contribuir para seu sucesso. É sobre isso que falaremos na segunda parte do livro.

TRÊS MANEIRAS DE SIMPLIFICAR O MODELO OPERACIONAL

1. *Some todos os nós.* É comum executivos se surpreenderem com o número de nós – ou interseções – na organização. É por isso – por terem de percorrer todos esses nós – que decisões importantes demoram tanto a ser tomadas.

2. *Examine com lupa o modelo operacional.* Analise estrutura, responsabilidades, governança e modos de trabalho. Quase toda empresa pode simplificar o modelo operacional em cada uma dessas dimensões.

3. *Reveja amplitudes de controle e níveis hierárquicos nesse contexto.* Sem isso, uma análise convencional de *spans and layers* não vai ajudar muito, pois amplitudes de controle e níveis hierárquicos são um mero resultado do modelo operacional.

SEGUNDA PARTE

TALENTO

O bem mais importante da empresa não são as pessoas.
São as pessoas certas.

[Jim Collins]

A EMPRESA QUE SEGUIR o receituário apresentado na primeira parte vai diminuir o fardo organizacional. Vai poupar parte do precioso tempo dos funcionários e, com isso, ajudar todos a ser mais produtivos. Mas, mesmo assim, estará longe de atingir seu pleno potencial. As melhores empresas, como revela nosso estudo, sobem 29 pontos no índice de poder produtivo apenas por atrair, reter e, acima de tudo, garantir que a produtividade já espetacular de colaboradores seja maximizada. Infelizmente, empresas nos outros três quartis ganham apenas quatro pontos com uma boa gestão de talentos.

Ou seja, o talento importa, sim. Mas não qualquer talento. O que realmente faz a diferença é gente que traga para o trabalho um conjunto singular de habilidades e experiências – gente capaz de aprender a colaborar e a trabalhar em equipe nas iniciativas de caráter crucial para o sucesso da empresa. Esses profissionais "nível A", que realmente fazem diferença, são o tema do capítulo 4. Falaremos de quantos deles a empresa provavelmente vai precisar (afinal, nem todo trabalhador vai ser de primeira) e em que postos instalá-los. Esse capítulo irá ajudá-lo a encontrar, avaliar e desenvolver esses indivíduos ao longo do tempo – e a utilizá-los onde possam exercer o máximo impacto. Cabe ao CEO descobrir quem são os "fazedores de diferença", pois na maioria das grandes empresas seu número é menor do que se supõe.

Já o capítulo 5 examina o talento de outro ângulo, o do *teaming*. Aqui, a melhor síntese talvez seja a de Steve Jobs: "Nos negócios, grandes feitos nunca são produto de uma pessoa, mas de uma equipe de pessoas". Mas quanta atenção uma empresa típica dá à montagem e à gestão de equipes? Pouquíssima, em nossa experiência. Executivos tendem a montar equipes com quem quer que esteja disponível – e depois ficam se perguntando por que essas equipes não saem do lugar. Já empresas de alto rendimento adotam uma abordagem muito mais disciplinada ao *teaming*: montam equipes só de astros, como mostraremos nesse capítulo. Se precisar que algo seja feito com rapidez, e do jeito certo, é bem provável que você, leitor, precise de uma equipe só com gente de primeira.

Aqui também vamos contar histórias e despertar polêmicas. Vamos dar vários exemplos reveladores para mostrar o quão melhores os "melhores" realmente são. Vamos mostrar por que o convencional modelo *nine-box* de avaliação do desempenho e do potencial de gerentes é praticamente inútil. Vamos mostrar por que o piloto Kyle Busch, do circuito Nascar, consegue vencer tantas provas, como a Boeing conseguiu preencher uma lacuna fundamental na linha de produtos com mais rapidez do que nunca e como a atenção à formação de equipes ajudou a Ford e a Dell a dar a volta por cima.

Quase toda empresa sabe que precisa ter o máximo possível de gente espetacular nos quadros. Mas, para que esse talento todo não seja desperdiçado – para que essa gente formidável continue crescendo, gerando impacto e trabalhando de forma produtiva com outros excelentes funcionários –, é preciso administrá-lo como o recurso escasso que é. É aqui que a empresa faz a diferença.

4

ENCONTRE E DESENVOLVA "FAZEDORES DE DIFERENÇA"

TODO MUNDO SABE que gente de alta performance – o talento "nível A" – pode fazer a diferença no desempenho de uma organização. O que nem todo mundo entende é quanta diferença alguém assim pode fazer. Vejamos alguns exemplos:

- O melhor limpador de peixe do restaurante Le Bernardin em Nova York consegue, em uma hora, limpar e cortar a mesma quantidade de pescado que um típico auxiliar de cozinha em três horas.

- O melhor desenvolvedor na Apple cria nove vezes mais código utilizável por dia do que o típico engenheiro de software do Vale do Silício.

- O melhor crupiê de *blackjack* no Caesars Palace em Las Vegas mantém sua mesa jogando pelo menos cinco vezes mais tempo do que o típico crupiê dos cassinos da cidade.

- O melhor vendedor da Nordstrom vende pelo menos oito vezes mais do que o vendedor médio de outras lojas de departamentos.

- O tempo de sobrevida de pacientes do melhor especialista em transplantes da Cleveland Clinic é pelo menos seis vezes mais longo do que o de pacientes do típico cirurgião de transplantes.

Naturalmente, outros fatores além da capacidade da pessoa podem ajudam a explicar essa disparidade. Mas o talento, em si, faz enorme diferença. Antes de se tornar presidente da Suprema Corte americana, John Roberts saiu vitorioso em 25 dos 39 casos que defendeu perante o tribunal. Esse índice de vitórias é mais de seis vezes melhor do que o índice médio de outros advogados (excetuando o "solicitor general", equivalente ao Advogado-Geral da União no Brasil) que tiveram êxito em ações julgadas pela Suprema Corte americana de 1950 para cá.[1]

A magnitude da diferença entre os melhores e os demais depende da natureza do trabalho (veja Figura 4-1). No caso de tarefas transacionais e repetitivas, o comum é que seja de três a cinco vezes. Kip Tindell, fundador da empresa americana Container Store, acredita que um profissional de alta performance ali dentro seja cerca de três vezes mais produtivo do que um funcionário médio.[2] Já em tarefas que exigem mais criatividade e especialização, a diferença pode ser várias ordens de grandeza maior. Executivos do Google, talvez com certa hipérbole, calculam que seus melhores engenheiros são 300 vezes mais valiosos do que a média. Certa vez, Steve Jobs disse: "Percebi que a faixa dinâmica entre o que poderia realizar uma pessoa média e o que poderia realizar a melhor pessoa era de 50 ou 100 para 1".[3] Seja qual for, a diferença é considerável em quase toda esfera. No estudo da Bain-Economist Intelligence Unit, pedimos aos participantes que estimassem a contribuição média que seus melhores talentos (os melhores do setor ou de um campo, não só da própria empresa) davam para o aumento da produtividade, em comparação com talentos médios. Os entrevistados disseram que os melhores eram, em média, 50% mais produtivos do que o trabalhador médio em sua respectiva empresa.

Encontre e desenvolva "fazedores de diferença"

FIGURA 4-1

Nem todo talento é igual

Os "melhores" de todos em geral são muito superiores aos demais

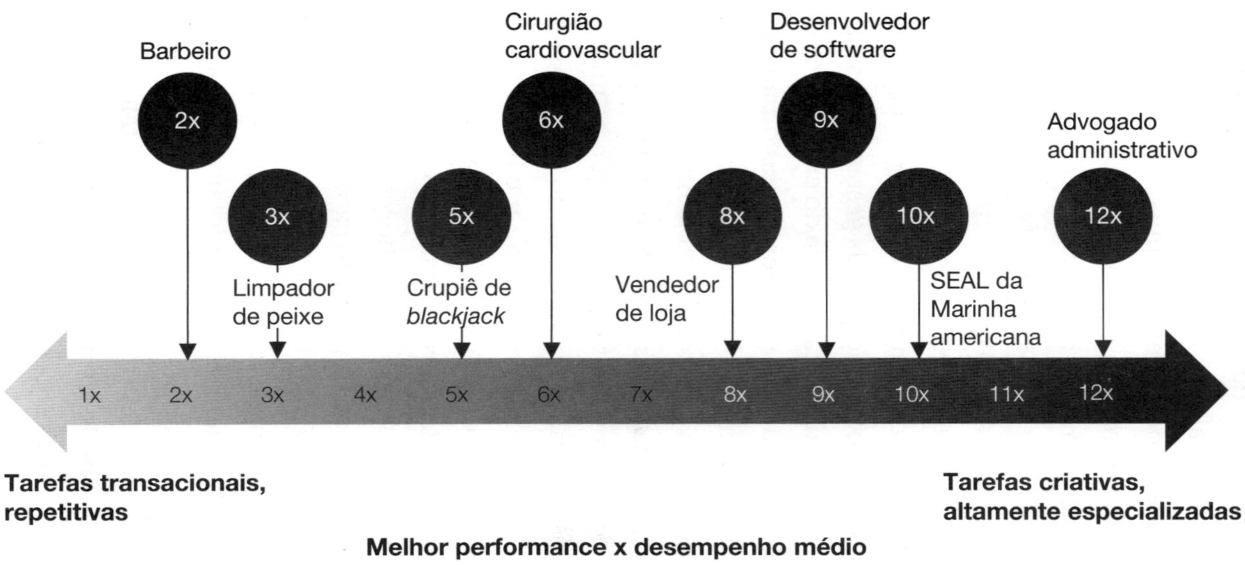

Desempenho	Profissão
2x	Barbeiro
3x	Limpador de peixe
5x	Crupiê de *blackjack*
6x	Cirurgião cardiovascular
8x	Vendedor de loja
9x	Desenvolvedor de software
10x	SEAL da Marinha americana
12x	Advogado administrativo

Tarefas transacionais, repetitivas ← Melhor performance x desempenho médio → Tarefas criativas, altamente especializadas

Fonte: Bain & Company

Nenhuma empresa, contudo, quer um "melhor" abstrato. De nada adianta contratar o melhor limpador de peixe do mundo se sua empresa trabalha com entrega de encomendas. O certo é buscar gente que ajude a cumprir a missão da organização e a executar sua estratégia de maneira melhor do que qualquer outra pessoa. O que se busca é um tipo bem específico de talento: gente que faça diferença na *sua* empresa. E esses fazedores de diferença devem ser instalados em postos em que possam ter o máximo impacto.

Parece uma meta simples e, aliás, seria difícil achar um CEO ou diretor de recursos humanos que discordasse dela. Mas, infelizmente, o arsenal convencional da gestão de pessoas vem provando, vez após vez, que não está à altura do exigido por organizações modernas. Técnicas de seleção, hierarquias organizacionais, filosofias de atribuição de cargos, sistemas de gestão de desempenho e programas de desenvolvimento e coaching de lideranças dificultam a tarefa de localizar, desenvolver e utilizar bem grandes talentos. Quando pedimos a altos executivos que estimassem o percentual de talentos em sua força de trabalho que classificariam como de primeira, ou "nível A", a resposta média foi um pouco menos de 15%. E isso apesar de a maioria das empresas já ter gasto somas absurdas na chamada guerra por talentos. Embora há anos essas empresas venham buscando os melhores, prometendo cargos pomposos a esses indivíduos e pagando caro por isso, o resultado prático de todo esse esforço é mínimo.

As *outliers* – empresas que parecem ter decifrado o enigma da produtividade organizacional – adotam outra abordagem, tanto na teoria como na prática. Esse capítulo vai trazer algumas de suas lições e ajudá-lo a identificar os melhores talentos para seu caso específico – os fazedores de diferença certos para sua empresa. Vai trazer ideias novas sobre como encontrar e avaliar gente capaz de fazer diferença com técnicas de mensuração de potencial mais avançadas. Vai ajudá-lo a aplicar sistemas melhores de avaliação e coaching para desenvolver esses indivíduos e garantir que estejam no posto certo durante o período certo de tempo.

Parece muito detalhe? É bem provável que você já administre o capital financeiro com esse grau de cuidado, prestando toda atenção a cada investimento importante que é feito. Vale a pena dar atenção igual ao capital humano, pois é ele que faz a verdadeira diferença no desempenho de uma empresa nos dias atuais. Três medidas cruciais podem ter efeito gigantesco sobre o impacto de talentos na produtividade da força de trabalho e no desempenho competitivo.

1. DESCOBRIR ONDE SEUS FAZEDORES DE DIFERENÇA PODEM FAZER A MAIOR DIFERENÇA

Soa óbvio, não? Muitas empresas, contudo, ignoram esse princípio básico de alguma forma. Seguindo a prática convencional, montam o orçamento de despesas fixas – fonte do grosso dos gastos com trabalhadores de escritório – usando como ponto de partida a versão do ano anterior. Se aumentam o orçamento é de forma democrática, dando tratamento praticamente igual a toda e qualquer área do negócio. Buscam a "excelência" em uma atividade independentemente de sua importância relativa para a missão ou a estratégia da empresa. O resultado é que acabam investindo demais em áreas nas quais um desempenho "bom o bastante" seria perfeitamente aceitável e subinvestindo em atividades cruciais para seu modelo de negócios. Pare e pergunte se seus investimentos em capital humano condizem com sua estratégia. Quando fazemos essa pergunta a CEOs, uma resposta muito comum é "não tenho certeza".

Partamos, então, do princípio: um plano robusto de capital humano começa com uma definição clara dos recursos e talentos necessários para que a empresa ganhe vantagem competitiva tendo em vista sua estratégia e seu modelo de negócios. Esse processo examina três questões:

- **O que gera valor.** Quais nossas fontes atuais e futuras de crescimento sustentável e rentável?

- **Que capacidades são mais críticas.** Que recursos e ativos são essenciais para garantir ao cliente produtos, serviços e experiências diferentes – e melhores – do que os da concorrência? No caso dessas capacidades críticas, onde temos lacunas? E onde poderíamos ter mais vantagem competitiva ainda se melhorássemos?

- **Onde dobrar a aposta.** Nosso investimento de recursos escassos é suficientemente maior nessas capacidades críticas do que nas demais, para que possamos financiar bem nossas prioridades?

Ao analisar suas capacidades, é essencial defini-las claramente e avaliá-las a fundo. Uma capacidade só é robusta se cumprir certos requisitos fundamentais. O primeiro é ter ligação clara com a geração de valor. O segundo é poder ser executada com alta qualidade repetidamente – e com pessoas, processos e tecnologias adequados. O terceiro é que a estrutura, as responsabilidades, os processos decisórios e o *modus operandi* da empresa respaldem a boa execução da capacidade em questão. Isso feito, é possível cotejar o orçamento de despesas operacionais com esse mapa de capacidades, comparando os fundos investidos com suas ambições e requisitos estratégicos para ver se estão ou não alinhados.

Instale fazedores de diferença em papéis de caráter crítico

Uma vez ciente de onde sua empresa precisa de capacidades diferenciadas, é possível determinar que papéis em cada área dessas têm caráter crítico para seu sucesso. É nesses papéis que devem estar seus fazedores de diferença.

Encontre e desenvolva "fazedores de diferença"

É nesse ponto que o planejamento de RH de muitas empresas falha. Um líder sabe que nenhuma organização é composta inteiramente de talentos de primeiro nível. Sabe, ainda, que é preciso brigar para atrair e pagar pelo talento nível A de que a empresa precisa. Daí montarem sistemas elaborados para identificar, recrutar, desenvolver e utilizar esses indivíduos tão disputados. O problema desses sistemas, contudo, é que não partem com a pergunta mais básica: *dada a estratégia e o modelo de negócios da empresa, onde é imprescindível ter profissionais de primeira para determinar os resultados do negócio – e onde podemos nos satisfazer com gente que, embora competente, é menos qualificada e mais fácil de substituir?* Na prática, esses sistemas nunca questionam se instalar alguém que não seja extraordinário em determinado papel terá um impacto substancial no desempenho. Instalar alguém nível A em um posto no qual um indivíduo nível B seria suficiente é usar mal um recurso absurdamente escasso. E, já que a maioria dos executivos acredita não ter mais de 15% de profissionais de primeira, qualquer mau aproveitamento aqui afetará consideravelmente o poder produtivo da empresa.

Tanto nossa pesquisa como nossa experiência confirmam o poder de uma abordagem intencionalmente desigual. A diferença entre o percentual de talentos nível A nas empresas de melhor desempenho e nas demais não é considerável: 16% *versus* 14%. O que difere é o modo como esse talento é utilizado (veja Figura 4-2). A maioria das empresas pode ser descrita como involuntariamente igualitária na utilização dos melhores talentos. Todos os papéis têm por volta de 14% de talentos de nível A. Já as melhores empresas são intencionalmente desiguais na alocação desse talento escasso. Seus líderes garantem que gente de primeira ocupe os poucos papéis de caráter crítico para a empresa (5% do total, digamos). Se 95% ou mais desses postos forem ocupados por profissionais nível A – fazedores de diferença –, então menos de 12% dos papéis restantes são ocupados por talentos de nível A.

FIGURA 4-2

Embora a proporção de talentos nível A seja parecida em empresas de desempenho distinto, as melhores de todas concentram esse talento em papéis de caráter crítico

Os "melhores" de todos em geral são muito superiores aos demais

No "resto": 14% de talentos de nível A

Talentos de nível A em papéis críticos para a empresa

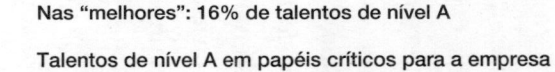

> Talentos de nível A são igualmente distribuídos por todos os papéis

Nas "melhores": 16% de talentos de nível A

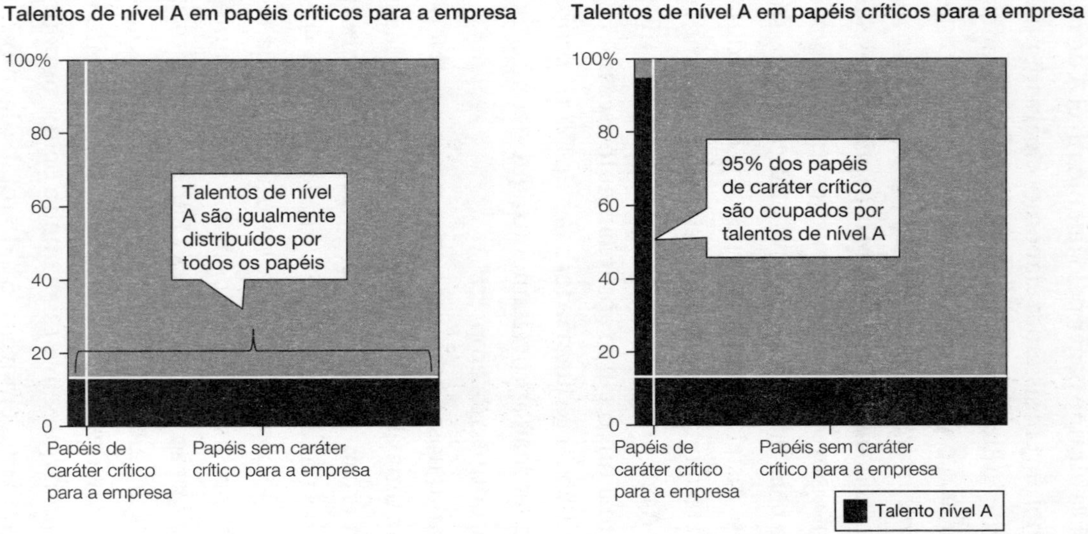

Talentos de nível A em papéis críticos para a empresa

> 95% dos papéis de caráter crítico são ocupados por talentos de nível A

■ Talento nível A

Fonte: Bain/EIU research (N=308)

Encontre e desenvolva "fazedores de diferença"

Quais os papéis de caráter crítico para a empresa? Não correspondem, necessariamente, à hierarquia da organização. Em geral, tampouco são claros para gente de fora da empresa. Para identificar esses papéis, em geral é preciso avaliar o seguinte:

Quais são nossos principais ativos – e o que exigem? Em muitos casos, os principais ativos de uma empresa – propriedade intelectual, marcas líderes, ativos de produção de baixo custo, rotas únicas para o mercado e afins – podem ditar onde é preciso contar com talentos de primeira. Primeiro, para garantir que esses ativos não só sejam protegidos, mas plenamente utilizados. Segundo, porque um ativo ou uma forte capacidade podem, às vezes, criar tanta vantagem que os resultados provavelmente serão mais ou menos iguais independentemente de quem esteja a cargo das decisões. Nesse último caso, os resultados produzidos por alguém de nível B não serão substancialmente distintos dos resultados trazidos por alguém de nível A.

Em que áreas os sistemas e processos especializados da empresa são insuficientemente desenvolvidos? Um sistema especializado dificilmente consegue reproduzir a capacidade de decisão de um profissional talentoso. O ambiente externo pode ser tão dinâmico que não há como deter toda informação relevante por um período de tempo suficientemente longo. Ou o tomador de decisões pode estar na interseção de um processo complexo que envolve vários departamentos e um sistema especializado poderia cometer muitos erros – e erros caros. Peguemos as pessoas que trabalham com inovação, planejamento de vendas e operações, preços ou planejamento da capacidade a longo prazo em indústrias de bens de consumo. As decisões que esses indivíduos tomam podem ter impacto substancial no desempenho da empresa justamente porque exigem um know-how integrado que inclui vendas, marketing, P&D e operações. Gente de alto rendimento nesses papéis pode fazer uma grande diferença para o resultado final.

Em que pontos a capacitação exigida está mudando à medida que o setor e nosso modelo de negócios evoluem? Muitas empresas que atendem o consumidor mergulharam com tudo no Big Data, em processos analíticos avançados e em todas as ferramentas digitais correlatas. Isso teve um efeito dramático em papéis importantes no marketing e no merchandising nos canais de venda. Cargos e profissões que já foram mais arte do que ciência hoje são mais ciência do que arte. O papel do diretor de merchandising ou do diretor de digital – e a qualificação exigida para esses papéis – mudaram junto.

Por que – e onde – o CEO precisa se envolver

Por mais cheia que seja sua agenda, o CEO tem que se envolver na identificação, no desenvolvimento e na alocação de grandes talentos. Embora o presidente e o diretor de RH precisem de uma estratégia de talentos para toda a organização, o CEO deve dar atenção especial aos papéis críticos para a empresa e aos fazedores de diferença que irão ocupá-los. Segundo nossa experiência, por volta de 100 a 150 pessoas.

Como chegamos a esse número? Imagine uma empresa na qual o presidente tenha oito subordinados diretos. Se a amplitude de controle de cada executivo desses também for de oito, e assim sucessivamente em todos os escalões da organização, ao chegarmos três níveis abaixo do CEO teremos cerca de 600 funcionários. Ainda que todo indivíduo seja importante, nem todos serão fazedores de diferença. É muito provável, aliás, que entre os próprios subordinados diretos do CEO apenas dois ou três sejam alguém que faz diferença. Se isso valer para toda camada e setor da organização, teremos cerca de 150 fazedores de diferença nos três primeiros escalões da empresa.

Curiosamente, esse total bate com o número de Dunbar, descrito pelo antropólogo britânico Robin Dunbar.[4] Com base no estudo de primatas e organizações humanas primitivas, Dunbar sustenta que o ser humano é capaz de manter confortavelmente apenas cerca de 150 relacionamentos estáveis. Essa tese parece valer tanto para modelos antigos como modernos de organização humana, incluindo aldeias agrícolas neolíticas, unidades do exército na era romana e organizações acadêmicas em universidades. O número de Dunbar vale para grupos de indivíduos altamente motivados a cooperar (em geral para a própria sobrevivência) e que trabalham ou vivem em estreita proximidade – condições, todas, que parecem valer para equipes de liderança em empresas modernas.

Pare, então, e pergunte: você sabe dizer quais os 100 a 150 postos mais críticos de sua organização, considerando seu modelo de negócios, sua estratégia, seus ativos e suas capacidades? Quem são os 100 a 150 fazedores de diferença de sua empresa? Eles ocupam esses postos?

2. USE MANEIRAS MELHORES DE ACHAR FAZEDORES DE DIFERENÇA

Nessa altura de nosso esquema, o leitor já definiu as capacidades críticas da empresa e as funções cruciais para o negócio. Agora, o desafio é aprimorar os processos para localizar e nutrir os grandes talentos que irão exercer essas funções. A maioria das empresas usa dois quesitos – desempenho e potencial – para tomar decisões de contratação, promoção e planejamento sucessório. Em geral, esses dois fatores são incorporados à típica matriz "9 box", com uma nota (alta, média ou baixa) atribuída a cada quesito. Não há nada inerentemente errado com esse modelo; o problema é que a informação inserida na matriz e as medidas tomadas com base nela carecem de objetividade, não são fundadas em dados concretos e não têm consequências relevantes. Isso torna o exercício todo inútil e candidato à lata de lixo. Vejamos os problemas.

No quesito desempenho, uma empresa só pode fazer uma avaliação correta se tiver à mão dados objetivos, quantitativos – cifras de vendas, digamos, ou rentabilidade. Em certos casos, não é fácil avaliar o desempenho com indicadores de tão curto prazo. No entanto, o problema maior aqui é que a empresa pode não ter a disciplina para criar uma lista sólida e focada de objetivos mensuráveis para o pessoal. Sem isso, a empresa acaba recorrendo a critérios subjetivos ou a metas que são redefinidas no momento da avaliação – o que costuma produzir uma forma perversa de inflação de notas. Anos atrás, por exemplo, trabalhamos com uma grande universidade estadual nos Estados Unidos com mais de 13 mil servidores administrativos. Cada funcionário desses era avaliado todo ano segundo uma escala de 1 a 5 na qual 1 significava "não cumpre expectativas", 3 significava "cumpre expectativas" e 5 significava "continuamente supera expectativas". No ano anterior, somente sete funcionários tinham recebido nota 1 ou 2; mais de 10 mil receberam 4 ou 5. E, apesar disso, os líderes repetidamente se queixavam (e com razão) da incapacidade da universidade de atrair gente qualificada para postos administrativos.

Para evitar a inflação de notas, certas empresas adotam um sistema de classificação chamado de "curva forçada" ("stacked ranking", no inglês). Embora diminua a inflação de notas, esse sistema costuma ser muito limitador. Para piorar, pode criar um ambiente de competição interna que prejudica o trabalho eficaz em equipe. Há pouco, a curva forçada foi abandonada por muitas das defensoras mais loquazes do modelo, como GE e Microsoft.

Outro erro comum é incluir a ferramenta de 360 graus na avaliação do desempenho, pois isso traz subjetividade e potencial manipulação ao processo (o tal do "se você falar bem de mim, falo bem de você"). A ferramenta é particularmente tóxica quando é um fator para definir a remuneração. Além disso, contraria a finalidade do feedback, que devia ser orientar as pessoas sobre como agir no futuro – e não avaliar seu desempenho no passado. Ou seja, além de corromper a avaliação de desempenho, a 360 graus enfraquece a cultura do coaching, sobre a qual voltaremos a falar mais adiante nesse capítulo.

Vejamos, agora, o quesito "potencial". Em decisões de contratação, medir o potencial é mais importante do que medir o desempenho. Os dois são igualmente importantes na hora de promover e de administrar o plano de carreira. Mas a tarefa é tão espinhosa que muitas organizações simplesmente desistiram de tentar, descartando no processo a matriz 9 box. Segundo uma pesquisa da consultoria Talent Strategy Group LLC com mais de cem empresas, os chefes só conseguem prever corretamente o potencial de um funcionário em pouco mais de metade das vezes.[5] Outra pesquisa chega a conclusão parecida ao revelar que quase 40% das promoções internas de gente classificada como de alto potencial não dão certo.

Por que resultado tão ruim? Uma razão é que o potencial de alguém normalmente é avaliado por meio de inferências, feitas em geral sem suficiente respaldo analítico. É uma avaliação subjetiva demais e, portanto, influenciada por vieses pessoais. Uma segunda razão é que a avaliação geralmente é baseada no desempenho recente do indivíduo e não na trajetória de longo prazo. Em empresas que tendem a promover depressa, os resultados registrados por João e Maria podem ser mais produto do esforço de quem veio antes do que do esforço deles próprios – embora agora o potencial dos dois vá ser avaliado com base nesses resultados. Uma terceira razão, e talvez a mais importante, tem a ver com quem está avaliando. Na maioria das empresas, o escalão logo acima avalia o escalão logo abaixo. É um problema se gente de nível A estiver sendo avaliada por gente de nível B, que pode não reconhecer o talento – ou reconhecer e se ressentir do fato.

Se depois de décadas de investimento em sistemas de seleção e avaliação de desempenho muitas empresas ainda são incapazes de medir o potencial de alguém, qual a saída? Pragmática, nossa solução reúne quatro ideias interligadas: assinatura comportamental, agilidade para aprender, inteligência colaborativa e trajetória.

Assinatura comportamental

Esse conceito repousa em duas premissas.[6] A primeira é a de que os indivíduos de sucesso de uma empresa exibem uma assinatura comportamental distinta – um jeito comum de trabalhar que permite que tenham um alto rendimento quando outros dão resultados medíocres. Não estamos falando de comportamentos genéricos que costumam figurar na maioria dos modelos de liderança; trata-se, antes, de formas de agir que tendem a ser altamente sintonizadas com a empresa e sua estratégia, cultura, contexto de negócios e modelo. A segunda premissa é que avaliar a assinatura comportamental não devia ser algo subjetivo. Contar com dados é crucial, e técnicas modernas de análise de Big Data ajudam.

Uma boa assinatura comportamental varia muito e depende da estratégia e da cultura da empresa. É só ver a diferença entre uma companhia de alta tecnologia como o Google e uma empresa focada em operações e custos como a AB InBev, a cervejaria multinacional formada em 2004 pela fusão da belga Interbrew e da brasileira Ambev, coordenada pelo 3G Capital, grupo de executivos e investidores liderado por Jorge Paulo Lemann. O Google busca talentos criativos, candidatos que classifica como "smart creatives".

Encontre e desenvolva "fazedores de diferença"

É gente "que usa e entende a tecnologia, entende do negócio, é movida a dados, esbanja energia criativa e gosta de meter a mão na massa". Esse pessoal precisa ser capaz de agir com autonomia naquilo que Laszlo Bock, diretor de RH do Google, classifica como um ambiente de "alta liberdade". Já a AB InBev adota outro critério. Conforme descrito no livro *Sonho grande* – um perfil da 3G e de seus sócios –, a cervejaria quer gente inteligente, movida a dados, frugal e com gana de vencer. Esse pessoal deve ser capaz de assumir responsabilidades e estar disposto a trabalhar com recursos limitados e rotinas de negócios consagradas num ambiente informal e altamente exigente.[7] Ambas as empresas acreditam na autonomia – mas cada uma tem seu jeito de promovê-la. No Google, a autonomia é um subproduto direto de processos e equipes ágeis; na AB InBev, a autonomia vem de uma burocracia drasticamente reduzida e da liberdade dentro de um modelo claramente definido. Logo, o indivíduo que se destaca no Google e aquele que se destaca na AB InBev provavelmente terão uma assinatura comportamental distinta – ainda que tenham valores e traços de liderança similares.

Na hora de contratar, empresas de alto desempenho costumam investir pesado para detectar a assinatura comportamental certa. Brian Chesky, fundador e CEO do Airbnb, entrevistou pessoalmente os primeiros 200 funcionários da empresa, até que se tornou inviável fazer ele mesmo essa triagem. No processo do Airbnb, todo candidato tem suas habilidades funcionais e técnicas avaliadas. Depois dessa avaliação, faz duas entrevistas culturais distintas, durante as quais os entrevistadores do Airbnb medem seis valores fundamentais. Um deles é se a pessoa é um "host": se é alguém com paixão por receber e ajudar os outros. O Airbnb aprendeu a detectar esses valores e comportamentos correlatos, com técnicas de entrevista comportamental e o exame minucioso do currículo do candidato.

Uma série de start-ups vem fazendo inovações no campo do desenvolvimento de assinaturas comportamentais. Uma delas é a Sinequanon, de Londres. A empresa inventou técnicas já bem testadas (sob a marca Performance ou Leadership Signature) para ajudar empresas a definir a assinatura comportamental de liderança que exigem. A Sinequanon, que é conhecida como "sqn", também criou sólidos sistemas de avaliação e coaching com base no feedback periódico – feedback gerado por processos analíticos avançados, sistemas exclusivos de *machine learning* e inteligência artificial e técnicas de pesquisa inteligente.

O processo de montar um programa de desenvolvimento de lideranças usando a metodologia da sqn tem três etapas. A primeira é traduzir a estratégia da empresa em uma série de requisitos que definam os comportamentos que levariam ao sucesso dado o contexto estratégico e cultural da empresa. Um misto de arte e ciência, essa etapa utiliza técnicas de *data mining* e o banco de dados exclusivo da sqn. A segunda etapa é lançar uma campanha de avaliação 360 graus para determinar as lacunas de cada líder. Ninguém espera que todo líder seja excelente em toda dimensão da assinatura comportamental – mas que se destaque em certas áreas e atinja certo patamar em outras. Enquanto grupo, a equipe de liderança deve atingir a excelência em áreas distintas, mas se destacar de modo geral na assinatura comportamental. Por último, a terceira etapa é montar um programa de coaching e intervenções individuais e coletivas para fechar as lacunas detectadas. A mudança de comportamento só vingará se forem feitas as intervenções certas, na frequência certa e com o reforço certo.

A experiência de uma empresa europeia de serviços financeiros ilustra bem o processo. Subsidiária de um grupo regional maior, essa empresa é a número dois do mercado, com duas marcas de varejo e mais de 300 agências. Apesar da sólida performance no passado, estava às voltas com um mercado em rápida transformação. Os novos líderes decidiram que era preciso melhorar o quadro de talentos. Com a ajuda da sqn, a empresa submeteu 400 líderes e 2.500 funcionários à avaliação comportamental e de lacunas.

A Figura 4-3 mostra a assinatura comportamental criada para essa empresa. Nela, há quatro "energias" rotuladas de "tough love" (amor com rigor), "inspires" (inspiradora), "winner" (vencedora) e "delivers" (faz). Esses atributos eram formados de 15 comportamentos e mentalidades distintos. O processo de desenvolvimento da assinatura foi crucial, pois exigiu o critério de altos líderes, uma compreensão profunda do contexto do setor e o banco de dados da sqn. E envolveu desde o início o pessoal, para facilitar a aceitação dos resultados. Rótulos e vocabulário foram definidos com muito cuidado para encontrar repercussão no contexto cultural do país no qual a empresa atuava. Uma vez definida essa assinatura, a empresa pôde concluir a identificação de lacunas por meio de um processo de avaliação que usava a plataforma on-line de mensuração de comportamentos da sqn. Os dados, filtrados por uma ferramenta analítica, criaram um feedback preditivo e "actionable" – ou seja, que permitia ações concretas. A empresa também criou painéis de acompanhamento on-line sob medida para cada líder, para atualização trimestral.

A implementação rigorosa desse processo pode produzir resultados impressionantes. No caso da empresa europeia, o crescimento da produtividade subiu de aproximadamente 5% para mais de 20% e a empresa passou do último para o primeiro quartil em termos de desempenho competitivo geral. Segundo pesquisa interna, a eficácia da liderança foi de 33% para 70%, enquanto o engajamento cresceu de 50% para 75%.

TALENTO

FIGURA 4-3

Case de uma firma europeia do setor financeiro

Recursos de Big Data foram aplicados a liderança e cultura

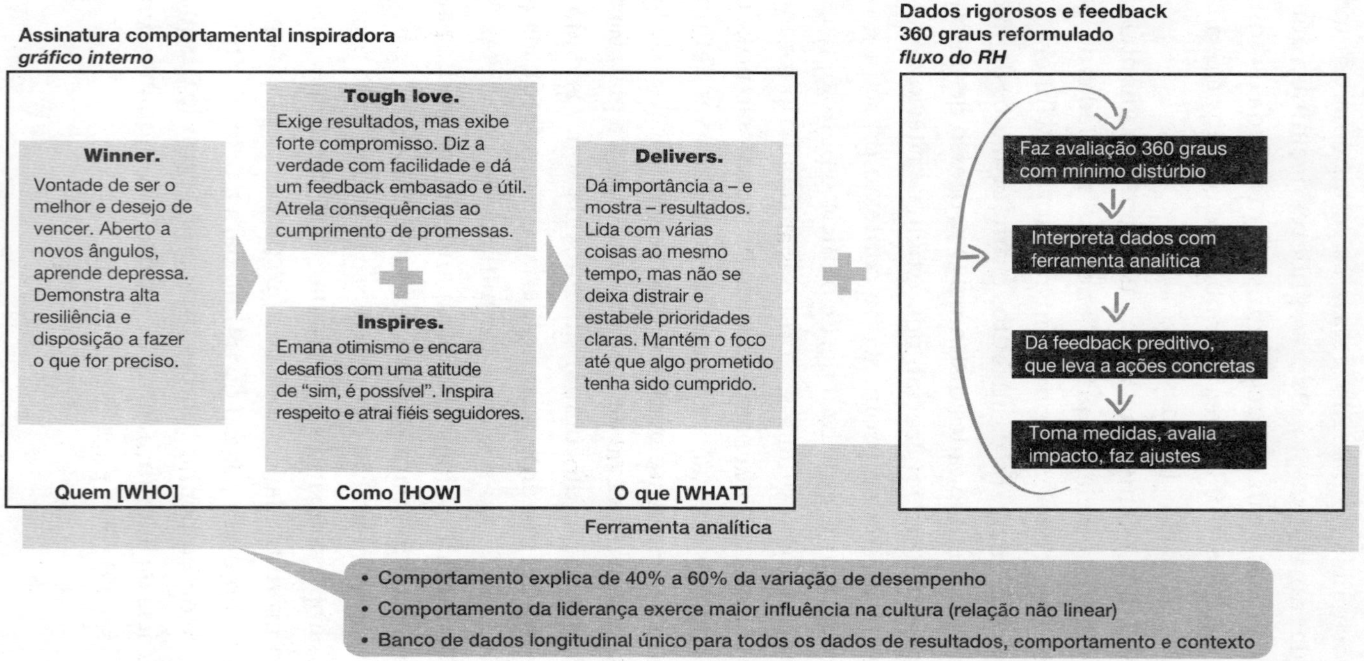

Assinatura comportamental inspiradora
gráfico interno

Winner.
Vontade de ser o melhor e desejo de vencer. Aberto a novos ângulos, aprende depressa. Demonstra alta resiliência e disposição a fazer o que for preciso.

Tough love.
Exige resultados, mas exibe forte compromisso. Diz a verdade com facilidade e dá um feedback embasado e útil. Atrela consequências ao cumprimento de promessas.

Delivers.
Dá importância a – e mostra – resultados. Lida com várias coisas ao mesmo tempo, mas não se deixa distrair e estabele prioridades claras. Mantém o foco até que algo prometido tenha sido cumprido.

Inspires.
Emana otimismo e encara desafios com uma atitude de "sim, é possível". Inspira respeito e atrai fiéis seguidores.

Quem [WHO] Como [HOW] O que [WHAT]

Ferramenta analítica

+

Dados rigorosos e feedback 360 graus reformulado
fluxo do RH

Faz avaliação 360 graus com mínimo distúrbio → Interpreta dados com ferramenta analítica → Dá feedback preditivo, que leva a ações concretas → Toma medidas, avalia impacto, faz ajustes

- Comportamento explica de 40% a 60% da variação de desempenho
- Comportamento da liderança exerce maior influência na cultura (relação não linear)
- Banco de dados longitudinal único para todos os dados de resultados, comportamento e contexto

Fonte: sqn

Encontre e desenvolva "fazedores de diferença"

Embora digamos que a empresa deva identificar a assinatura comportamental certa para seu caso e buscar gente que a exiba, somos fortes proponentes da diversidade, em todos os sentidos. A diversidade cria o potencial para diferenças de opinião, de perspectiva, de insights e de abordagem. Buscar indivíduos que possuam certo DNA comportamental não deve impedir a busca de diferenças. É como um casamento: para dar certo, já disseram, é preciso haver entre os dois suficiente "semelhança" para gerar compatibilidade e suficiente "diferença" para despertar a paixão. Em uma empresa, a semelhança traz foco, agilidade e alinhamento, enquanto a diferença gera a energia necessária para a inovação e a evolução. Além disso, é importante não confundir o conceito de assinatura comportamental com o de tipos de personalidade. Uma empresa ou equipe cheia de extrovertidos ou de machos e fêmeas alfa dificilmente vai exibir um desempenho invariavelmente forte. Voltaremos a falar sobre a formação de equipes diversas e de alto potencial no próximo capítulo, que trata justamente desse assunto: "teaming".

Sempre que se fala em capacidades e comportamentos do ser humano, a questão de quanto desse comportamento é inato e quanto é adquirido quase sempre está presente, ainda que de forma velada. A nosso ver, uma empresa pode fazer muita coisa para incentivar comportamentos que gerem resultados superiores para o negócio. Mas também acreditamos que muitos dos atos de uma pessoa e muitos dos comportamentos que ela exibe refletem crenças arraigadas, altamente pessoais, que são produto de suas origens e de sua composição genética. É difícil fazer alguém pensar ou agir de forma radicalmente distinta do modo como foi programada para pensar ou agir. Por isso é tão importante ter uma visão clara do DNA comportamental que se está buscando, e por que é tão importante garantir que os fazedores de diferença na organização – gente que vai moldar profundamente a cultura e os resultados do negócio – tenham certos trechos desse DNA.

Agilidade para aprender

Um volume importante de estudos empíricos sugere que muita gente de alto desempenho não tem alto potencial, embora a maioria das pessoas de alto potencial também acabe exibindo alto desempenho.[8] A diferença, aqui, está na *agilidade para aprender*.

No nosso vocabulário, agilidade para aprender significa a rapidez com que um indivíduo se adapta a novos papéis, assimila novas informações e muda de rota ou abordagem com base nessa informação. Na base da agilidade para aprender estão comportamentos que permitem à pessoa se manter aberta e capaz de reagir a dados. Outro ingrediente fundamental é a capacidade de receber e responder de forma construtiva a críticas e coaching. Chris Argyris, professor da Harvard Business School já falecido, escreveu longamente sobre o desafio de "ensinar gente inteligente a aprender". Sua pesquisa descreve um círculo cruel no qual indivíduos inteligentes entram se não forem capazes de ouvir e reagir a críticas construtivas. Argyris fez esses estudos décadas atrás, mas é bem possível que esse círculo cruel valha também para a geração dos *millennials*, que cresceu em uma era na qual todo mundo recebia um troféu ao final da competição e, como no imaginário lago Wobegon, toda criança era considerada acima da média.

Inteligência colaborativa

O termo "inteligência colaborativa" tem suas origens em conceitos introduzidos por pioneiros da inteligência artificial como Oliver Selfridge.[9] No contexto de uma empresa, refere-se a indivíduos e grupos que trabalham de forma autônoma como parte de uma rede de solução de problemas para produzir resultados inteligentes. O sucesso nos negócios obviamente exige certo grau de colaboração; qualquer organização que espere que as pessoas trabalhem com gente de outros departamentos, geografias e unidades de negócios, tanto dentro da empresa como no ecossistema maior de negócios, depende de sua capacidade de colaborar efetivamente. Mas nem todo mundo tem a mesma capacidade de colaboração e poucas empresas contam com sistemas feitos expressamente para ajudar as pessoas a adquirir essa capacidade. Tampouco costumam reconhecer e premiar os colaboradores mais fortes.

Trajetória e gana

Avaliar a trajetória de longo prazo da pessoa com base na distância que já percorreu é um indicador melhor de realizações futuras do que simplesmente analisar suas realizações recentes. O normal é avaliar o desempenho de alguém hoje e extrapolar essa informação para o futuro. A nosso ver, contudo, é possível ter uma noção melhor do potencial desempenho futuro examinando quanto chão a pessoa já percorreu desde que começou. Um candidato que tenha feito o primário e o secundário em escolas caras e, em seguida, frequentou a mesma universidade de elite que a mãe ou o pai terá percorrido uma distância bem menor do que o candidato que frequentou uma escola pública e uma universidade inferiores e cujos pais nunca fizeram faculdade. Que grupo tende a mostrar mais gana? Que indivíduo tende a avançar mais ao longo da vida?

● ● ●

Todos esses fatores – assinatura comportamental, agilidade para aprender, inteligência colaborativa e trajetória e gana – podem ser incorporados a indicadores quantitativos e qualitativos do potencial e ajudar a empresa a melhorar drasticamente os processos de seleção, promoção e desenvolvimento. Isso feito, resta a questão de onde buscar candidatos – e quem deve ser responsável pelo pipeline de talentos.

CEOs com quem trabalhamos raramente acham que seu pipeline de talentos é forte o suficiente para satisfazer as necessidades futuras da empresa. Alguns acham que só a própria empresa pode formar a geração seguinte de talentos para funções de caráter crítico. Mas, à medida que mercados e estratégias mudam, quem exerce uma função importante hoje pode não ser a pessoa certa no futuro. A lealdade com profissionais e colaboradores de alta performance é parte importante de uma cultura saudável, mas manter gente talentosa em um papel que a pessoa não vai exercer bem e nem crescer é um desserviço tanto para a pessoa como para a empresa. Além disso, apostar demais em talentos internos ou em gente que teve alta performance pode levar a empresa a se isolar demais. No final, não vai ter a expertise, as capacidades e a perspectiva que poderiam levar seu desempenho ao patamar seguinte ou questionar velhas verdades internas em prol da inovação no modelo de negócios. Outras empresas vão para outro extremo. Nelas, parte-se do princípio de que os talentos de que precisam nunca serão cultivados internamente. Essas empresas parecem eternamente enamoradas de algum astro de fora. O segredo é chegar a uma abordagem equilibrada para a formação de talentos da casa e a contratação de talentos externos.

Quem deveria assumir a responsabilidade pelo pipeline de talentos? No caso de talentos de fora, empresas em geral buscam a solução no RH ou em recrutadores de executivos. As melhores, contudo, já descobriram que quase sempre é má ideia, sobretudo quando precisam de gente que faz diferença para postos críticos. Embora headhunters às vezes possam ajudar, o comum é acharem o melhor candidato disponível – e não a melhor pessoa para o posto, independentemente da aparente disponibilidade. Um exemplo: uma empresa de software do Vale do Silício crescendo depressa pode precisar de engenheiros de software de primeira e líderes na área de engenharia para executar a estratégia. É difícil achar gente assim. Ainda que um headhunter conheça gente muito boa, é bem provável que a maioria desses indivíduos tenha sido preterida por Google, Facebook, Apple, Salesforce e congêneres. Logo, em muitas das melhores empresas, altos executivos em geral assumem uma responsabilidade maior por cultivar esse pipeline. Várias empresas importantes como Bank of America, Pepsi, Dell e Procter & Gamble, bem como as citadas acima, têm fortes equipes internas de recrutamento. Nossa firma, a Bain & Company, também.

Outra ideia útil é cobrar de líderes o desenvolvimento de fazedores de diferença internos e o cultivo de redes externas de talentos. Por que não pedir aos líderes um "balanço de talentos" que inclua, na conta do ativo, o número e o calibre de líderes desenvolvidos sob seu comando e, na do passivo, todo talento que foi perdido ou não se desenvolveu completamente? É um tema recorrente do livro: o capital humano precisa ser administrado com tanta atenção quanto o capital financeiro. Cabe aos líderes aumentar o capital humano ao longo do tempo e, portanto, devem ser responsabilizados por criar ou destruir esse capital.

3. AJUDE FAZEDORES DE DIFERENÇA A SEREM AINDA MAIS EFICAZES

Se você investiu pesado para contratar indivíduos com potencial de fazer diferença na empresa, o certo, naturalmente, é criar processos que acelerem seu desenvolvimento. Isso significa rever a maioria das práticas e procedimentos do RH – treinamento, definição de cargos, remuneração e afins – com esse objetivo em mente. Embora os detalhes fujam ao escopo desse livro, a título de ilustração daremos dois exemplos de práticas comuns que provavelmente precisam mudar.

Separe o coaching da avaliação

A empresa típica depende muito da tradicional avaliação anual ou semestral, em geral sua principal ferramenta de coaching e feedback para as pessoas. É um erro, e uma série de empresas avançadas vem abandonando essa avaliação como principal método de feedback aos funcionários. É que a avaliação é um instrumento retrospectivo e, em geral, carregado de emoções, sobretudo quando diretamente ligado à remuneração. O chefe pode evitar fazer uma avaliação franca, dado o potencial impacto sobre o salário do funcionário, que por sua vez pode ter dificuldade para receber o feedback quando há dinheiro em jogo. E ainda mais importante, uma avaliação anual ou semestral jamais garantirá o coaching imediato, em tempo real, que ajuda a pessoa a entender o contexto da avaliação. Coaching, no entanto, é crucial para o desenvolvimento de grandes talentos: é preciso criar um ambiente no qual indivíduos sejam desafiados a aprender e a crescer – e recebam, para tanto, a ajuda de gente mais experiente. É por isso que muitas empresas de alto desempenho separaram completamente os processos de avaliação de desempenho e de coaching, normalmente guiadas por um modelo simples como o mostrado na Figura 4-4. A maioria dessas empresas também criou sistemas de coaching e capacitou gerentes para dar um coaching mais eficaz por meio de um feedback mais frequente e orientação em tempo real.

Acelere o desenvolvimento de talentos com rotações mais inteligentes

Em quase toda empresa de grande porte, tentar administrar cargos e o rodízio por funções faz parte do processo de desenvolvimento da carreira. Mas acertar a mão na rotação de função pode ser difícil. O normal, por exemplo, é não deixar ninguém por

Encontre e desenvolva "fazedores de diferença"

FIGURA 4-4

Separar coaching da avaliação é fundamental

	Foco	Critério	Ligação com recompensas	Frequência	Papel da liderança
Avaliar	• O "que"	• Resultados	• Meritocrático • Consequências importantes	• Avaliações de desempenho semestrais	• Estabelecer objetivos • Determinar desempenho
Coach	• O "como"	• Comportamentos, métodos e estilo	• Nunca	• Sessões de coaching diárias ou em tempo real	• Dar exemplo de conduta • Ajudar cada indivíduo a atingir todo seu potencial

Fonte: Bain & Company

mais de dois anos em um cargo, ainda que possa demorar mais do que isso para aparecerem resultados. O indivíduo pode acabar sendo injustamente castigado ou recompensado por resultados produzidos, em grande medida, pelo trabalho de quem veio antes. Além de dificultar a avaliação do desempenho, isso tem efeitos deletérios sobre o desenvolvimento profissional do indivíduo, que acaba não recebendo um feedback para saber o que funciona ou não e que medidas corretivas tomar para recolocar a empresa no rumo certo. Perguntamos a executivos em nossa pesquisa com que frequência, na opinião deles, sua empresa acertava na rotação de talentos. Esses gestores acreditavam que, ao definir quanto tempo deixar uma pessoa em uma determinada função, a empresa acertava pouco mais de 50% das vezes.

Nossa experiência revela que a permanência ideal de alguém em uma função está mais para três anos do que para dois. Mas, em vez de estipular um prazo fixo, talvez seja melhor dizer à pessoa que ela tem uma missão de vários anos com marcos bem definidos e resultados mensuráveis. A descrição do cargo pode descrever expressamente esse objetivo plurianual, um dos quais seria sempre identificar um pool de sucessores. Em circunstâncias normais, funcionários instalados em funções cruciais para a empresa sob essas condições não devem ser considerados para novos cargos enquanto não tiverem concluído a contento sua missão de vários anos.

LINKEDIN

O LinkedIn ilustra muitos desses temas. A empresa – comprada pela Microsoft em junho de 2016 por US$ 26 bilhões – é uma organização em acelerado crescimento com uma necessidade grande de talentos e que calha de atuar no setor de talentos. Nas palavras do fundador, Reid Hoffman, sua missão é ajudar os milhões de membros da rede a "mudar sua própria curva econômica pela força de alianças e conexões com outras pessoas". E, ainda, ajudar a pessoa a usar o tempo de forma mais eficiente e eficaz. Hoffman diz: "A gente costumava dizer que a diferença entre cada tipo de [rede] social é: sua intenção é perder tempo ou ganhar tempo? Redes sociais [de entretenimento] são para passar tempo e para isso devem entreter o usuário. Já nós queríamos ajudar as pessoas a realizar tarefas críticas em menos tempo".

Como o LinkedIn encontra fazedores de diferença. O talento é a grande prioridade operacional do LinkedIn. Segundo seu CEO, Jeff Weiner, as qualidades que o LinkedIn busca em candidatos são bem parecidas às de gente com as quais ele mais gosta de trabalhar:

- *Capacidade de sonhar grande.* Weiner quer que as pessoas tenham uma visão que inspire os outros e faça a empresa avançar.

- *Capacidade de executar ("get shit done", no vocabulário do LinkedIn).* As pessoas devem ser capazes de desmembrar essa visão em partes para tirá-la do papel, superando objeções na base da determinação e, como diz Weiner, da "pura força de vontade".

- *Capacidade de regozijar-se do trabalho.* No LinkedIn, fazedores de diferença devem ajudar a tornar o trabalho um lugar divertido. "Babacas" não se dariam bem ali nem se forem visionários e puderem executar.

Weiner combina esses elementos no diagrama de Venn da Figura 4-5.

FIGURA 4-5

Diagrama de Venn usado por Weiner para identificar fazedores de diferença

- Sonhar grande
- Executar
- Saber se divertir no trabalho
- Gente com a qual mais gosto de trabalhar

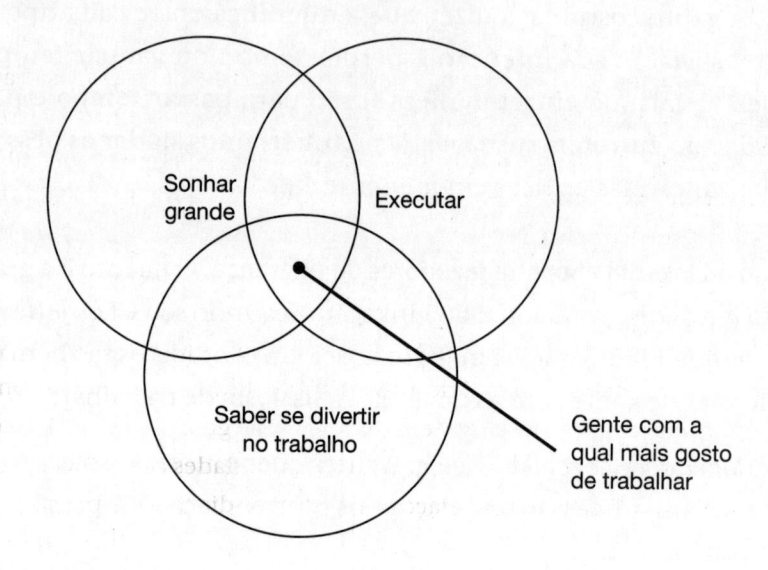

Fonte: Jeff Weiner, CEO, LinkedIn, linkedin.com.

Como o LinkedIn mantém fazedores de diferença engajados e motivados. A ideia do LinkedIn de um contrato de emprego mutuamente vantajoso, baseado em uma "missão", é uma das ferramentas mais poderosas que já vimos para o desenvolvimento, a retenção e o engajamento de talentos. Veja como Hoffman e seus coautores definem o conceito no livro *The Alliance* (ainda sem título em português):

> Quando fundou o LinkedIn, por exemplo, Reid fez uma proposta clara a funcionários talentosos: se a pessoa aceitasse participar de uma missão de entre dois a quatro anos de duração e desse uma contribuição importante para alguma área do negócio, Reid e a empresa ajudariam a promover a carreira desse indivíduo, de

preferência o destacando para outra missão no LinkedIn. A abordagem deu certo: a empresa ganhava um funcionário empenhado em produzir resultados tangíveis para o LinkedIn e que poderia vir a ser um paladino e um recurso para a empresa caso decidisse sair depois de servir em uma ou mais missões.

O trabalhador, por sua vez, transformava a própria carreira ao aumentar sua lista de habilidades e experiências. Ao redefinir a carreira em sua empresa como uma série de missões sucessivas, fica mais fácil atrair e segurar gente empreendedora. Na hora de recrutar talentos de primeira, propor uma missão clara com benefícios e resultados específicos é melhor do que fazer promessas vagas como "você vai adquirir uma experiência valiosa". Ao criar uma missão atraente, a empresa pode mostrar de forma concreta como a iniciativa vai reforçar a marca pessoal do trabalhador – tanto na empresa como se, e quando, for trabalhar em outro lugar – graças à integração de uma missão específica, à aquisição de habilidades concretas, ao estabelecimento de novas relações e assim por diante.[10]

É bem provável que seus trabalhadores mais talentosos já passem um tempo considerável pensando no passo seguinte a dar para ir atrás da própria paixão e avançar na carreira. Criar missões com prazo delimitado para produzir resultados bem definidos é uma maneira formidável não só de alinhar interesses mas também de criar uma estrutura natural para poder realistar gente talentosa para a missão seguinte – em vez de simplesmente reagir quando surgir outra oportunidade para essa pessoa.

Como o LinkedIn ajuda fazedores de diferença a se superar. A empresa investe em uma série de iniciativas para ajudar as pessoas talentosas a crescer e se desenvolver. Essas medidas incluem o seguinte:

- Incentivar o trabalhador a cultivar uma rede de contatos *fora* da empresa, reservando tempo e recursos para esse propósito. Talvez não surpreenda que uma organização cujo negócio é ajudar profissionais a fortalecer sua rede de contatos faça o mesmo para seus funcionários, mas os benefícios disso se revertem tanto para o indivíduo como para a empresa. O trabalhador vê seu valor profissional aumentar ao ampliar sua rede e se expor a novas ideias. Já o LinkedIn ganha funcionários que sentem que têm a confiança da empresa, inspirados e capazes de explorar sua rede para o benefício dela.

- Uma vez por mês, o LinkedIn faz o que chama de Dia do Investimento, ou "InDay". Funcionários mundo afora interrompem as atividades normais para explorar novas ideias para o desenvolvimento pessoal e profissional.

- O LinkedIn também cria uma cultura que valoriza a "transformação". Executivos da empresa falam regularmente sobre a transformação a partir de três perspectivas: transformação do eu, transformação da empresa e transformação do mundo. O objetivo da transformação do eu é que, ao sair do LinkedIn, o profissional seja melhor do que quando entrou. Para promover a meta, a empresa tem iniciativas como séries de palestras, programas de bem--estar e uma considerável verba para treinamento. O objetivo da transformação da empresa é ajudar o LinkedIn a atingir seu pleno potencial; ações relevantes incluem a iniciativa chamada Women in Tech, programas de diversidade e reuniões quinzenais com toda a equipe. O objetivo da transformação do mundo é criar oportunidades econômicas para todo membro da força de trabalho global. Isso significa mapear digitalmente a economia mundial e conectar talentos e oportunidades em escala global; apoiar o LinkedIn for Good, que liga profissionais à oportunidade de trabalhar por mudanças; e usar o InDay para o trabalho voluntário em causas especiais. A transformação como um conceito é fundamental para uma empresa cujo negócio

Encontre e desenvolva "fazedores de diferença"

depende muito de talentos e cujo modelo de negócio é fundado em uma rede profissional dinâmica, viabilizada pelo digital. Criar uma cultura de contínua transformação garante que o ambiente interno na organização seja tão dinâmico quanto o externo.

O valor do LinkedIn como rede profissional é amplificado em um mundo onde o emprego vitalício é, basicamente, coisa do passado, onde o talento é móvel e onde os recursos mais escassos de uma empresa são tempo, talento e energia. Nas palavras dos próprios fundadores:

> Membros vêm em primeiro lugar. Esse é nosso principal valor. Normalmente, em uma empresa, os clientes são a grande prioridade, pois são eles que estão pagando. Aqui, nossos membros são a coisa mais importante, ainda que só um pequeno número deles pague. Isso porque estamos forjando um relacionamento para a vida toda e, com ele, tentando ajudá-los a mudar a trajetória de sua carreira.

Embora o LinkedIn queira reter grandes talentos e destacar esses indivíduos para missões transformadoras, os líderes da empresa sabem que o emprego para toda a vida já não é uma meta realista. Daí a organização seguir o mesmo conselho que dá aos clientes corporativos, tratando a rede de ex-funcionários como um importante ativo. Isso reforça o modelo de negócios, a proposta de valor, o propósito e a cultura do LinkedIn. E, veja só, parece funcionar. Em um estudo do fluxo de talentos no setor de tecnologia, o site de recrutamento Top Prospect revelou que o LinkedIn é capaz de contratar 7,5 pessoas para cada trabalhador que perde para a concorrência – um resultado bem melhor do que o do Google (1,2) e no mesmo patamar do verdadeiro ímã de talentos que é o Facebook (8,1).

● ● ●

Encontrar e desenvolver seu talento nível A é essencial para superar o fardo organizacional. O curioso é que empresas do quartil superior em nossa pesquisa tinham só um pouco mais de talentos de primeira do que as demais. Em suma, havia pouca diferença nesse quesito entre as melhores e o resto. O que fez a maior diferença na área de talentos – e diferença considerável – era onde as melhores empresas concentravam seus fazedores de diferença e, como veremos, como utilizavam os melhores talentos, em equipe e isoladamente. É desse tema que trataremos agora.

TRÊS SEGREDOS PARA ENCONTRAR E DESENVOLVER MAIS FAZEDORES DE DIFERENÇA

1. *Determinar onde um fazedor de diferença pode realmente fazer a diferença.* Atrele seu plano de talentos à estratégia de geração de valor; remaneje recursos para áreas nas quais sua empresa tenta conquistar vantagem competitiva. Defina postos cruciais na empresa – entre 100 e 150 – e instale neles os fazedores de diferença. Rejeite a tese de que, à medida que a empresa cresce, seu talento será diluído, sobretudo em se tratando desses postos.

2. *Atualize técnicas para encontrar fazedores de diferença e atribua a seus líderes a responsabilidade de desenvolver essas pessoas.* Traduza a estratégia e a cultura em uma assinatura comportamental. Inclua agilidade para aprender, inteligência colaborativa e trajetória e gana nos indicadores de potencial de liderança. Em última análise, a responsabilidade pelo plano de talentos deve ser de altos líderes, não do RH e de recrutadores de executivos.

3. *Ajude seus fazedores de diferença a serem ainda melhores.* Reveja práticas de RH. Invista em um coaching fundado em dados que ajude indivíduos talentosos a desenvolver ainda mais esses traços de comportamento. Examine bem sua estratégia de rotação de talentos e evite dois erros muito comuns: a falta e o excesso de rotação.

5

CRIE E PONHA EM AÇÃO EQUIPES SÓ DE ASTROS

EM UMA EMPRESA, pouca gente trabalha só. Até os maiores talentos da casa – seus fazedores de diferença – precisam colaborar com outros para produzir resultados. Diante da obviedade desse fato, é incrível o descaso com que a maioria das empresas trata a colaboração, o *teaming* e o *deployment*. Quando precisam fazer algo importante, simplesmente põem mais gente para trabalhar no problema. Na hora de montar uma equipe, o único critério adotado por algumas é ver quem está livre. Outras fazem questão de criar times "equilibrados", com uma mescla de gente brilhante, mediana e fraca – provavelmente na esperança de que os melhores puxem o desempenho dos demais. Por algum motivo, esse nunca parece ser o resultado.[1]

Há muito em jogo aqui, pois a diferença de desempenho entre as melhores cabeças da empresa e o restante dos quadros só aumenta quando o trabalho é feito em equipe. Uma equipe espetacular age como uma espécie de multiplicador de força. Permite que as pessoas – particularmente as melhores – produzam mais do que imaginavam que poderiam. Peguemos o exemplo das equipes de operações especiais da Marinha americana, conhecidas como Seals. Os "Navy Seals" são soldados extraordinários – no campo de batalha, o poder de destruição de um único Seal é mais de dez vezes maior do que o de um soldado comum. Já o poder de destruição de uma equipe de dez Seals é mais de cem vezes superior ao de um soldado médio – o múltiplo está mais para 150 ou até 200. É por isso que os Estados Unidos utilizam equipes de Seals para missões críticas de segurança, como a execução de Osama Bin Laden em 2011 e o resgate de Jessica Buchanan e Poul Hagen Thisted, reféns de piratas somalis, em 2012.

Empresas que montam grandes equipes e garantem que seus integrantes colaborem de forma eficaz, incluindo com outras equipes, superam drasticamente as demais. Vejamos apenas dois exemplos:

- A SpaceX de Elon Musk, que cria e fabrica foguetes, projetou o veículo de lançamento Falcon 9 por pouco menos de US$ 1,7 bilhão. Um administrador da própria Nasa encarregado de estimativas de projetos calcula que teria custado à agência (e ao contribuinte americano) quase US$ 4 bilhões para igualar o feito – quase 135% a mais. Uma grande diferença, segundo a Nasa: a SpaceX precisou de muito menos gente. Seus engenheiros trabalhavam longas horas, provavelmente mais tempo do que os profissionais da Nasa teriam trabalhado. Mais importante ainda, no entanto, foi a eficiência e a produtividade das espetaculares equipes de engenharia da SpaceX, que criaram e lançaram o foguete por uma fração do que teria custado à Nasa.[2]

- O blockbuster *Toy Story* – o filme de maior bilheteria de 1995 e que, para muitos, revolucionou a animação no cinema – não foi produto de um cineasta visionário isolado. Foi, antes, o resultado de uma colaboração volta e meia conturbada, mas no final produtiva, entre os principais artistas e animadores da Pixar, executivos veteranos da Disney (incluindo Jeffrey Katzenberg, então chefe da divisão de cinema) e Steve Jobs. A equipe da Pixar originalmente apresentou à Disney o que Katzenberg considerava uma história pouca inspiradora.[3]

Uma nova versão – bem mais mordaz, por insistência de Katzenberg – não tinha a leveza essencial para um filme para a família. No final, o grupo criou algo que agradou todo mundo na equipe e que, mais tarde, a revista *Time* chamaria de "a comédia mais original do ano".[4] A Pixar – que é tocada como uma divisão independente dentro da Disney – continuou a bater recordes com o trabalho em equipe. Praticamente todos os filmes que produziu tiveram sucesso e todos (à exceção de dois) superaram os US$ 374 milhões arrecadados pelo primeiro *Toy Story*. Essa lista inclui *Procurando Nemo* e sua sequência, *Procurando Dory*, ambos com arrecadação bruta de cerca de US$ 900 milhões; *Divertida Mente*, com US$ 857 milhões; e, claro, as duas continuações de *Toy Story* (o terceiro filme arrecadou mais de US$ 1 bilhão).

É claro que nem toda empresa trabalha em uma atividade empreendedora ou criativa como essas – e nem toda empresa pode se organizar como a SpaceX ou a Pixar. Mas qualquer organização pode tirar proveito do poder de grandes equipes e da colaboração para produzir resultados extraordinários. Aliás, é algo imprescindível se a empresa não quiser desperdiçar toda a energia que gastou para eliminar o fardo organizacional e encontrar e cultivar grandes talentos. Este capítulo mostra como.

EQUIPES SÓ DE ASTROS

Uma medida importante para qualquer empresa que queira turbinar o desempenho é montar equipes com os melhores da casa – o que chamamos de equipes "all-star", ou só de astros – e destacá-las para iniciativas de caráter crítico. Essas equipes vão produzir mais resultados, e mais depressa, do que a equipe típica.

Essa recomendação foge totalmente à norma. Afinal, o comum é achar que equipes só de craques não funcionam, que haverá briga de egos, que os astros não vão se entender e vão levar o líder da equipe à loucura. Mas é hora de reconsiderar essa tese. Quando há muito em jogo – quando é preciso reinventar um modelo de negócios, criar um produto importante ou resolver um problema estratégico, digamos –, parece tolice não encarregar a tarefa aos melhores da casa, não parece? Desde que, é claro, se encontre uma maneira de administrar bem o time.

Equipes all-star já fizeram coisas extraordinárias. Para desenvolver, depurar e lançar o OS X, uma mudança revolucionária no sistema operacional da Apple, a empresa precisou de apenas 600 engenheiros e menos de dois anos. Em comparação, foram necessários 10 mil engenheiros e mais de cinco anos para desenvolver, depurar e lançar – e, no final, recolher – o Windows Vista. Havia importantes diferenças estratégicas entre Apple e Microsoft, naturalmente. Mas, com base em nossa pesquisa e em entrevistas com executivos de ambas, estamos convencidos de que a abordagem que cada uma das duas usou para montar e utilizar equipes explica parcela considerável da diferença de quase 50 vezes na produtividade.

O senso comum sugere que equipes só de astros têm ao menos duas grandes vantagens: poder de fogo e sinergia.

Poder de fogo. Se montar uma equipe com talentos de altíssimo nível, você multiplica a produtividade e as vantagens de performance que um astro isolado teria. É o que acontece com as equipes dos boxes no automobilismo. A equipe do piloto Kyle Busch, com seis integrantes, é tida por muitos como a melhor do circuito Nascar. Nela, cada membro – o reabastecedor, o operador de macacos, o indivíduo que leva e traz pneus e o que troca os pneus – é o melhor de sua área. Os integrantes da equipe treinam juntos o ano todo com uma meta clara em mente: fazer com que o carro #18 de Busch saia do box no menor tempo possível. A equipe pode executar um pit stop típico – 73 manobras, incluindo reabastecimento e troca dos quatro pneus – em 12,12 segundos. Já se colocarmos um só mecânico mediano na equipe de Busch – um trocador de pneus comum, digamos –, esse tempo quase dobra, para 23,09 segundos. Com dois integrantes medianos na equipe, sobe para bem mais de meio minuto. Disso se infere que o impacto que uma equipe só de astros tem na produtividade é geométrico, não linear.[5] À medida que sobe a proporção de profissionais nível A na equipe, seu rendimento aumenta exponencialmente.

Sinergia. Mas não é só o volume do trabalho feito pelo grupo que é afetado por equipes só de astros. A qualidade desse trabalho também melhora. Reunir as melhores cabeças pode levar a uma criatividade e a ideias que nenhum membro da equipe teria sozinho. Quando estava promovendo uma virada na Gap Inc. na década de 1990, Mickey Drexler criou recursos impressionantes de merchandising de produtos. Como? Montando uma equipe central de compradores e designers só com os melhores dos melhores. Ciente de que ter um bom produto é vital para o bom desempenho no varejo, Drexler e a equipe identificaram os merchants e designers mais talentosos da casa com base no histórico de cada um na Gap e fora dela. Em seguida, montaram uma equipe só com gente nível A (muitos dos integrantes originais dessa equipe acabaram no comando de operações de varejo de alto sucesso, incluindo Maureen Chiquet, ex-CEO da Chanel, e Andy Janowski, que passou por Burberry e Smythson). Drexler encarregou a equipe de traduzir sua visão em produtos específicos para cada estação, para cada uma das lojas da empresa.

O resultado foi impressionante. A equipe promoveu uma das guinadas de maior sucesso da história do varejo, transformando a Gap na maior loja de roupas e acessórios de marca própria. Os resultados para os acionistas da empresa também foram ótimos. Entre 1998 e 2001, a Gap foi a varejista mais bem-sucedida dos Estados

Unidos, crescendo e gerando valor a um ritmo bem mais rápido do que qualquer outra marca no varejo.

A capacidade de equipes all-star de produzir resultados em maior quantidade e com mais qualidade é o que chamamos de efeito multiplicador de força. Seu impacto no desempenho pode ser drástico. É como a diferença entre um time profissional de basquete e um amador: embora ambos saibam jogar, se os dois se enfrentarem na quadra é provável que os profissionais marquem de 10 a 20 vezes mais pontos do que os amadores.

INICIATIVAS *MISSION-CRITICAL*

Em qualquer ponto de sua trajetória, toda empresa tem – ou deveria ter – uma lista das prioridades mais importantes. Essas iniciativas vão determinar as perspectivas futuras da empresa: é tudo aquilo que precisa ser muito bem feito para que a empresa possa sobreviver e prosperar. A lista pode incluir a integração após uma importante fusão, o desenvolvimento de uma nova linha de produtos ou até a redefinição dos rumos e da estratégia básica da empresa (como vem fazendo a IBM nos últimos anos, por exemplo). Seja qual for a situação específica, são prioridades das quais equipes só de astros devem se encarregar. São arenas nas quais equipes de fazedores de diferença podem ter o maior impacto.

Tanto nossa pesquisa como nossa experiência revelam uma importante diferença na abordagem usada por empresas para montar e utilizar equipes para iniciativas *mission-critical*. Em nossa pesquisa, por exemplo, cerca de 75% dos líderes das empresas de melhor desempenho disseram que usavam equipes só de astros sempre que a organização lançava uma iniciativa considerada crítica para o sucesso. A cifra comparável para as demais empresas era de menos de 10% – uma diferença de mais de sete vezes. Igualmente relevante, nas empresas de pior desempenho da pesquisa a tendência a montar equipes com base apenas no critério de disponibilidade dos indivíduos era quatro vezes maior.

É possível ver o impacto de equipes puramente de astros em momentos cruciais da história recente da atividade empresarial. Na década de 1990, por exemplo, a Boeing reconheceu que tinha uma lacuna na linha de produtos ao não ter nenhuma aeronave posicionada entre o jumbo 747 e o 767, um modelo de médio porte. Para resolver o problema, a empresa montou uma equipe com os melhores engenheiros da casa – equipe chefiada primeiro por Phil Condit, que mais tarde virou o CEO da Boeing, e, depois, por Alan Mulally, que acabou no comando da Ford.

Esse time de craques criou um projeto de engenharia diferente de tudo o que a empresa já fizera até então. Os membros da equipe trabalharam com oito grandes companhias aéreas – All Nippon, American, British Airways, Cathay Pacific, Delta, JAL, Qantas e United – para projetar a aeronave, a primeira vez que clientes tiveram tanta participação no processo. Além disso, projetaram o 777 totalmente no computador – foi o primeiro avião a ser projetado eletronicamente. Ao contar com os subsídios de clientes e utilizar o mais avançado em tecnologia, a equipe concluiu o projeto básico do 777 em menos de quatro meses e o avião estava pronto para decolar em menos de cinco anos – quase dois a menos do que qualquer outro projeto anterior dessa envergadura. Ao reunir seus astros da engenharia e colocar todos para trabalhar lado a lado com clientes, a Boeing conseguiu lançar o que muitos analistas do setor consideram a aeronave de maior sucesso da história da aviação comercial (hoje, são quase 950 em serviço) e com uma rapidez jamais vista até então.

Em um caso mais recente, a guinada da Ford entre 2006 e 2010 é um espetacular exemplo do impacto do *teaming*. Em 2006, embora a economia estivesse à toda, a Ford patinava. A operação da montadora na América do Norte vinha tendo sérios prejuízos, já que o gosto do consumidor migrava das rentáveis picapes e SUVs da Ford para veículos menores – segmento no qual a maioria dos modelos da empresa não dava lucro. Bill Ford, então CEO e presidente do conselho da montadora, armou uma equipe de estrelas composta de Mark Fields (mais tarde CEO da Ford), Bob Shanks (mais tarde diretor financeiro), Joe Hinrichs (que viria a ser superintendente da Ford Americas) e outros para conceber um "Way Forward Plan" – traçar uma nova rota para a divisão da América do Norte. O plano que a equipe criou era ambicioso: incluía fechar fábricas com capacidade ociosa e renegociar o acordo com o UAW, o sindicato da categoria. Quando assumiu o comando da Ford, em 2006, Mulally reforçou e ampliou o Way Forward Plan: assumiu outros bilhões de dólares em dívida, desfez-se de marcas marginais (Aston Martin, Jaguar, Land Rover, Volvo, Mazda) e investiu em carros novos e repaginados como Focus, Fusion e Fiesta. Em apenas três anos, a Ford América do Norte foi de um prejuízo de mais de US$ 4 bilhões ao ano para um lucro de mais de US$ 5 bilhões.

Hoje, uma série de empresas importantes está incorporando à gestão cotidiana esse modelo de equipes só de astros para iniciativas de caráter crítico. O modelo de gestão da Dell, por exemplo, identifica as iniciativas estratégicas de altíssima prioridade e garante que o tempo dos líderes e os melhores talentos da casa estejam focados em garantir o sucesso dessas iniciativas. Todo ano, a Dell monta uma agenda que inclui o maior valor em jogo na empresa e questões e oportunidades mais urgentes. Em geral, é uma lista com menos de 15 itens. Isso feito, a equipe de liderança se reúne para analisar fatos e dados relevantes para cada questão, definir alternativas concretas, avaliar opções e tomar decisões. Um alto executivo e uma equipe de profissionais de alto calibre são, então, destacados para ajudar a diretoria a cuidar de cada item da agenda. Essa abordagem de gestão concentra os líderes em questões cruciais e garante que as oportunidades mais promissoras da empresa sejam exploradas por equipes só de astros.

COMO GARANTIR QUE UM TIME SÓ DE ASTROS FUNCIONE

Montar uma equipe eficaz só de estrelas pode ser complicado. Muitos executivos lembram de cabeça episódios em que astros bateram de frente e não conseguiram avançar muito. Mas, nas condições certas, uma equipe dessas pode produzir resultados espetaculares. Vejamos como ajudá-la a atingir seu potencial.

Liderança excepcional. A variável mais importante, mas negligenciada por muitas empresas, é quem lidera a equipe. O líder propriamente dito tem de ser um talento de primeira, alguém capaz de levar os membros da equipe a dar o melhor de si. Se fosse montar uma orquestra de câmara com os melhores músicos do mundo – Itzhak Perlman, Gil Shaham, Yuri Bashmet, Yo-Yo Ma e gente do mesmo naipe –, você não botaria um maestro qualquer para regê-los. Numa empresa, é a mesma coisa. Não é por nada que os times de astros da Gap e da Boeing eram liderados por indivíduos que eram, eles mesmos, fazedores de diferença.

Isso significa que a organização deve investir tanto tempo na escolha de líderes de equipes quanto investe na seleção de seus integrantes. Precisa ouvir o que esses membros têm a dizer sobre o líder logo cedo (e com frequência) e não pode ter medo de trocar o comando ou até de promover um membro da equipe a líder se necessário. Em um estudo de 2012 de supervisores da linha de frente de uma empresa de grande porte, o National Bureau of Economic Research, um centro de estudos americano, concluiu que "a estrutura mais eficiente é destacar os melhores trabalhadores para os melhores chefes".[6] Esse estudo revelou que um chefe espetacular pode melhorar a produtividade de qualquer equipe. Coloque um chefe de primeira (entre os 10% melhores no quesito qualidade do líder) em vez de um chefe ruim a cargo de uma equipe mediana e a produtividade sobe 10% – resultado equivalente a adicionar uma pessoa a uma equipe de nove indivíduos. Esse mesmo chefe de primeira, se colocado a cargo de uma equipe de astros, fará a produtividade da equipe subir ainda mais: "bons chefes (...) aumentam a produtividade de astros mais do que a de lanterninhas", dizem os pesquisadores. Por causa desse efeito multiplicador, a performance de uma equipe all-star será muito superior à de uma equipe média. Na prática, um chefe excepcional age como multiplicador de força sobre o multiplicador de força que já é uma equipe só de astros.[7]

Uma liderança desse gabarito é uma mercadoria rara e pode ser difícil achar líderes de primeiríssima em número suficiente para comandar equipes de craques. Um CEO com quem recentemente trabalhamos disse: "Temos sorte de contar com um número suficiente de talentos nível 'A' para tocar iniciativas cruciais [para a empresa]. Mas nosso fator limitante é a liderança. Temos apenas nove líderes nível 'A' para dirigir essas equipes". A solução encontrada pelo CEO foi montar nove equipes só de astros e encarregá-las das iniciativas de alta prioridade. À medida que concluíam uma iniciativa, essas equipes passavam para a seguinte da lista. A produtividade delas era tão maior que, ainda assim, conseguiram chegar ao fim da lista antes do que teria conseguido um grupo de equipes equilibradas.

Aproveite os ultradedicados. Toda organização tem gente que faz mais do que a mera obrigação. Comprometidos e engajados, são indivíduos que investem mais tempo e energia para garantir o sucesso de iniciativas de natureza crítica, volta e meia dando uma contribuição que extrapola em muito sua função. Esse pessoal – conhecidos em inglês como "extra-milers" – pode ter um papel crucial na colaboração da equipe, pois age como um aglutinante produtivo entre distintos membros da equipe, ajudando a manter todos informados e trabalhando juntos de forma eficaz. Um estudo de Ning Li (da University of Iowa) e outros autores descobriu que uma única pessoa ultradedicada pode, sozinha, aumentar a produtividade da equipe mais do que todos os demais membros juntos.[8]

Identificar os ultradedicados e instalá-los em equipes só de astros contribui para o entrosamento dos integrantes da equipe. O *extra-miler* faz os passes que permitem aos craques da equipe marcar mais gols. Toda grande equipe precisa de um ultradedicado que a ajude a ter um rendimento elevado.

Incentivos certos – e nenhum desincentivo. Toda empresa que se vale de equipes só de astros precisa monitorar e premiar o desempenho da equipe, não só conquistas individuais. Em certas empresas, no entanto, os métodos de avaliação do desempenho acabam impedindo o sucesso do grupo. A Microsoft é um exemplo: durante muitos anos, o modelo de avaliação de desempenho da gigante do software incluiu um sistema de classificação conhecido por "curva forçada". Em intervalos regulares, alguns integrantes de qualquer equipe eram classificados como "excelentes", "bons", "médios", "abaixo da média" e "ruins", independentemente do desempenho geral da equipe. Dependendo da situação, essa classificação forçada até funciona – mas no caso da Microsoft teve consequências imprevistas. Com o tempo, segundo relatos de gente da empresa, o chamado "stacked ranking" criou uma cultura na qual os funcionários estavam competindo entre si, não com outras empresas. Profissionais excelentes raramente queriam entrar para equipes que já tinham gente de altíssimo nível, por medo de serem vistos como os mais fracos do grupo. Dizem que, na Microsoft, gente nível A era quem conseguia identificar gente de nível B e C e entrar para a equipe desse pessoal, maximizando assim a probabilidade de ficar no alto da pirâmide de desempenho.[9]

Excelente apoio. Para se destacar, toda equipe de astros precisa de um pessoal de apoio que também seja de alta performance. Tem muita gente extremamente talentosa que nunca trabalhou para alguém que tivesse muito a ensinar; a maioria, segundo nossa experiência, fica feliz com essa oportunidade e faz de tudo para impressionar. Além disso, com subordinados de alto calibre os membros da equipe podem render mais. Um auxiliar administrativo excepcional, por exemplo, exige menos orientação e executa com competência muitas tarefas de rotina, permitindo que outros membros da equipe se concentrem naquilo que fazem melhor.

Metas grandes – para neutralizar egos grandes. O conflito de egos pode prejudicar o desempenho da equipe. Mas não precisa ser assim. Em 1992, o primeiro "Dream Team" dos Estados Unidos – formado pela nata dos jogadores de basquete da NBA – arrasou nas Olimpíadas de Barcelona, derrotando os adversários pela média de 44 pontos. O time triunfou porque a meta de representar o país com louvor nos Jogos Olímpicos era maior até que o ego às vezes inflado desses jogadores, todos talentosos. De novo, a lição para empresas é clara: já que não dá para destacar uma equipe só de astros para toda iniciativa – não há gente suficiente de primeira para isso –, é preciso deixar essas equipes para tarefas prioritárias e garantir que todos seus integrantes entendam a importância da missão. Na Gap, na Boeing e na SpaceX, essas equipes estavam fazendo trabalhos que iriam decidir o futuro de suas respectivas empresas. Se quiser que indivíduos de altíssimo rendimento trabalhem juntos de forma produtiva, é preciso inspirá-los para que ponham a missão em primeiro lugar. O "ego coletivo" precisa ser maior do que o ego de cada um.

Evitar ofuscar os demais. Um perigo de apostar em equipes só de craques é que isso cria uma espécie de sistema de castas no qual os melhores são regiamente recompensados, enquanto todos os demais se sentem subestimados. Uma vez que a organização depende de todo mundo que trabalha nela, e não só dos melhores, isso pode minar o impacto benéfico dos astros. Um antídoto é garantir que todo mundo compartilhe das conquistas da equipe de craques. George Clooney e os outros astros do filme *Onze Homens e um Segredo* criaram um ambiente no qual elenco e equipe desfrutavam do sucesso mútuo. Ao que parece, a maioria dos integrantes da equipe ficou tão contente com a experiência que fez de tudo para participar das sequências, *Doze Homens e Outro Segredo* e *Treze Homens e um Novo Segredo*. Outra maneira de manter talentos de nível B e demais atores engajados inclui reconhecer o desempenho, seja de caráter crítico ou não; adotar um sistema de avaliação de desempenho comum para astros e não astros; e estabelecer recompensas que sejam compartilhadas por todos. Discorremos mais sobre alguns desses métodos nos capítulos 4 e 6.

COMO GARANTIR UM TRABALHO EM EQUIPE PRODUTIVO

Nem toda equipe em sua empresa pode ser formada só de astros. Como talentos excepcionais são um artigo escasso, o número de equipes de craques que uma empresa pode montar e pôr para trabalhar sempre será limitado. Logo, muita equipe necessariamente vai incluir gente de nível B e C. Inúmeros livros e artigos explicam como tornar uma equipe dessas o mais produtiva possível – e não vamos, aqui, tentar repetir tudo o que preconizam. Acreditamos, contudo, que lições tiradas de times só de astros também servem para outras equipes. Toda equipe precisa de um líder respeitado e competente. Toda equipe precisa de apoio adequado e dos incentivos certos.

Gostaríamos de fazer uma última advertência. Hoje, no meio empresarial, virou moda falar em "colaboração". Funcionários são incentivados a estar em frequente comunicação com os colegas, a transpor silos organizacionais, a se valer da "sabedoria das multidões", e por aí vai. Muitas vezes, são bons conselhos. Mas, quando o assunto é colaboração e trabalho em equipe, "mais" nem sempre é "melhor". Um estudo apresentado na *Harvard Business Review* em 2016 revelou que a quantidade de tempo dedicada a atividades colaborativas aumentou 50% ou mais nos últimos anos. Nem todo esse tempo adicional se manifestou nos resultados da empresa; boa parte foi desperdiçado em reuniões dispensáveis, em e-mails desnecessários e coisas do gênero, como mostramos no começo do livro. Além disso, a colaboração que agrega valor – a colaboração que realmente promove a causa de um indivíduo ou equipe – é altamente concentrada em poucos funcionários. Um estudo com 300 organizações revelou que, na maioria dos casos, entre 20% e 35% da colaboração que agrega valor vem de 3% a 5% dos funcionários – e só. À medida que aumenta a exigência sobre esses indivíduos, a colaboração passa a ser um fardo, produzindo uma rotatividade maior e, ironicamente, menos colaboração capaz de agregar valor. Ao mesmo tempo, aquilo que Cal Newport, da Georgetown University, chama de "trabalho profundo" é prejudicado. As pessoas passam tanto tempo trabalhando em equipe que não têm tempo para se concentrar sem interrupções em tarefas críticas.[10]

Na hora de montar equipes, portanto, lembre-se desse livro. Veja se cada equipe que está sendo criada é realmente necessária – e se os custos não são maiores do que os benefícios esperados. Com equipes só de astros, é alta a probabilidade de que você receba por aquilo que pagou. E mais um pouco.

● ● ●

Contratar grandes talentos – fazedores de diferença – deixa a empresa no rumo certo para superar os efeitos do fardo organizacional. Reunir esses grandes talentos em equipes só de astros faz a empresa avançar bastante nessa trilha, já que essas equipes têm um desempenho radicalmente melhor que as demais. Se conseguir fazer com que funcionem bem, essas equipes irão cuidar das iniciativas de caráter crítico da empresa e, com isso, ajudá-la a sobreviver e prosperar.

Agora é hora de passar para a terceira parte do livro, que explora questões que afetam a organização toda, como engajamento das pessoas, inspiração e cultura.

TRÊS MANEIRAS DE CRIAR E DESENVOLVER EQUIPES SÓ DE ASTROS

1. *Monte equipes com os melhores da casa.* Equipes só com talentos de primeira produzem resultados melhores e com mais rapidez do que equipes mistas. Agem como multiplicadores de força.

2. *Destaque essas equipes para os projetos mais importantes da organização.* Como não há talentos de primeira em número suficiente para tudo, é preciso focar equipes de astros em iniciativas de caráter crítico – iniciativas que determinarão o valor futuro da empresa.

3. *Gerencie essas equipes cuidadosamente.* Equipes só de astros precisam de líderes e de apoio excepcionais. É preciso instalar os incentivos certos e garantir que o ego de cada um não interfira na colaboração.

TERCEIRA PARTE

ENERGIA

A empresa somos nós. Quero dizer, eu e meus 100 mil colegas. Se estivermos empolgados, sabendo o que queremos fazer, alinhados, inspirados, avançando, aprendendo, atraindo gente melhor que nós o tempo todo, quer dizer que a empresa está avançando nessa direção. Está progredindo. Está crescendo.

[Carlos Brito, CEO, AB InBev]

NINGUÉM LAVA UM CARRO ALUGADO.

A menos que sinta que a coisa é realmente sua – uma conexão de verdade –, ninguém jamais vai colocar energia a mais para tornar algo melhor. O mesmo vale para uma empresa. A menos que se sintam engajadas, ou até mesmo inspiradas, no trabalho que estão fazendo, as pessoas não vão investir sua energia discricionária na empresa, nos clientes ou no sucesso da organização.

Nesta parte do livro, apresentamos o terceiro fator que afeta o desempenho. Aliás, de todos os fatores que medimos, a energia organizacional é o mais influente, elevando em 24 pontos o índice de produtividade da empresa média.

Embora a energia seja algo intangível, quando está presente todo mundo sabe. Gente engajada vem para a empresa com comprometimento e entusiasmo e aplica ambos ao trabalho no dia a dia. Em certas empresas, a impressão é de que a cultura até gera energia. E organizações de alta energia podem fazer coisas incríveis (já viu aqueles rankings de "melhores lugares para trabalhar"? A maioria dessas empresas tem resultados financeiros radicalmente melhores do que as demais). Engajamento e uma cultura forte multiplicam o impacto dos dois recursos mais escassos da sua empresa, tempo e talento. Permitem que você encare rivais acima da sua categoria, que faça mais com menos.

O capítulo 6 trata da questão do engajamento, em geral um problema intratável para a maioria das empresas. Nossa pesquisa revelou que a empresa média consegue engajar apenas um terço dos quadros e tem de conviver com uma parcela veementemente insatisfeita de quase 10%. Embora esperássemos uma correlação entre engajamento e produtividade, ficamos surpresos com duas coisas. Uma delas foi a magnitude do efeito multiplicador: o engajamento realmente faz diferença. A outra era a vantagem gerada por gente que nossos entrevistados consideravam funcionários inspirados. A pesquisa indica que o trabalhador inspirado é 90% mais produtivo do que o engajado e que sua produtividade é mais que o dobro da produtividade do trabalhador meramente satisfeito.

O capítulo 7 examina a questão da cultura. Uma cultura fora de série cria energia para os trabalhadores; uma cultura tóxica a destrói. Pense em como você se sentiu toda vez que começou um trabalho ou um projeto novo. Você era puro otimismo ao pensar no que poderia realizar. Certas empresas conseguem sustentar esse ânimo durante toda a trajetória profissional da pessoa. Todo dia traz novos desafios e oportunidades e a energia vai se acumulando no decorrer do tempo – à medida que você trabalha com mais gente talentosa para fazer mais do que achava possível. Infelizmente, em outras empresas o ânimo de quem chegou há pouco evapora em questão de semanas. O capítulo 7 mostrará como as culturas das melhores empresas canalizam essa energia dos funcionários para alcançar resultados espetaculares – e como é possível despertar esse tipo de cultura em sua empresa.

6

BUSQUE INSPIRAÇÃO (NÃO SÓ ENGAJAMENTO)

"NINGUÉM PRECISA de pesquisas sofisticadas para saber se os funcionários estão engajados ou não", ouvimos certa vez de um cliente. "É só ir ver o estacionamento."

Devemos ter feito cara de que não tínhamos entendido, pois o cliente foi logo explicando: "Deem uma volta pelo estacionamento no final da manhã e contem quantos carros entraram de ré. Se o funcionário tem a paciência de estacionar de ré só para poder sair mais rápido no final do dia, provavelmente é porque está contando os minutos para o expediente acabar. É como se fosse usar o carro para escapar da cena de um crime".

O verdadeiro crime, naturalmente, é criar uma organização na qual as pessoas não sintam qualquer paixão pelo trabalho que fazem todo dia. Em vez de serem paladinas da empresa e da própria carreira ali dentro, são reféns de um contracheque. No estudo da Bain-Economist Intelligence Unit, examinamos o engajamento de trabalhadores de mais de 300 empresas em 12 setores de atividade. Os dados exibidos na Figura 6-1 dão um triste retrato do grau de engajamento em companhias mundo afora. Não surpreende que as pessoas queiram correr para casa ao familiar soar do apito.

FIGURA 6-1

Engajamento do trabalhador é um problema em todo setor

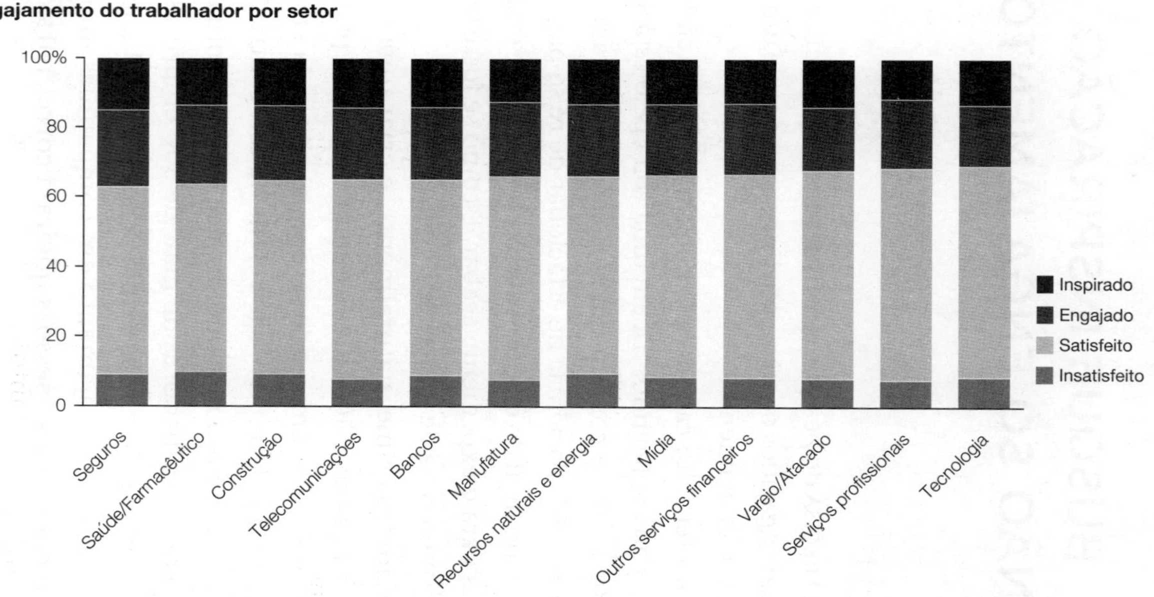

Engajamento do trabalhador por setor

■ Inspirado
■ Engajado
■ Satisfeito
■ Insatisfeito

Setores (da esquerda para a direita): Seguros, Saúde/Farmacêutico, Construção, Telecomunicações, Bancos, Manufatura, Recursos naturais e energia, Mídia, Outros serviços financeiros, Varejo/Atacado, Serviços profissionais, Tecnologia

Fonte: Bain/EIU Research (N=308)

Busque inspiração (não só engajamento)

Não é difícil entender por que o engajamento é tão baixo. Muitas das complexas organizações modernas viraram instituições que desanimam. Nelas, o trabalhador tem pouca autonomia. Seu trabalho é mecânico e rotineiro – e em geral micromensurado e microgerenciado. A empresa quer muito vincular o trabalho das pessoas ao propósito maior da organização, mas a rotina diária faz essa meta soar falsa ou inatingível. Muitos funcionários não acreditam que estão aprendendo e crescendo no trabalho. E se sentem de tal modo desconectados de colegas e equipes que a interação no dia a dia parece mais uma transação do que uma colaboração útil.

O preço dessa falta de engajamento é alto. Num ambiente assim, o trabalhador dá pouco de sua energia discricionária à empresa – e por que daria? –, derrubando a produtividade. E, em geral, essa microgestão toda também é contraproducente do ponto de vista da empresa. Custa caro e toma tempo. E, até hoje, ninguém descobriu como fazer com que um trabalhador submetido à microgestão tenha boas ideias, tome a iniciativa de fazer mais do que a obrigação pelo cliente, colabore de forma abnegada com colegas ou se adapte rapidamente a mudanças no mercado. E, no entanto, é justamente isso que a maioria das empresas precisa no mundo de hoje.

Diante desse cenário, muitas organizações vêm tentando a todo custo melhorar o engajamento das pessoas. Mexem em salários, incentivos, pacotes de benefícios. Usam pesquisas e outros métodos para ouvir o pessoal. Fazem programas de treinamento, encontros fora da empresa e outras técnicas no arsenal do RH. Em geral, essas medidas têm pouco impacto no engajamento; se tivessem, os resultados não seguiriam tão ruins por tanto tempo. O que está faltando?

Nossa experiência – tanto em organizações de alta como de baixa energia – nos ensinou repetidamente uma lição bem simples: a meta dessas empresas é baixa demais (é o que iremos explorar nesse capítulo). O verdadeiro salto na energia não vem do engajamento por si só, mas de gente que se sente *inspirada* pelo que faz e pela organização na qual trabalha. Um funcionário inspirado é muito mais produtivo do que o trabalhador médio ou até mesmo que um trabalhador engajado, como sugerem os resultados de nossa pesquisa. Essa pessoa vira uma fazedora de diferença. E, já que a inspiração contagia, essa pessoa, de quebra, inspira os outros a realizar mais e mais. No trabalho, como disse um guru da gestão, cada pessoa reage de forma diferente ao topar com um muro. Gente satisfeita convoca uma reunião para discutir o que fazer com o muro. Pessoas engajadas começam a buscar uma escada para transpor a barreira. Já o trabalhador inspirado simplesmente vai e derruba o muro.

Naturalmente, as pessoas são diferentes e não dá para esperar que todo mundo na folha de pagamento se sinta inspirado. Mas, se mirar alto – se buscar criar uma empresa que inspire o máximo de gente possível –, você acabará conquistando muitos pela razão e pela emoção. E é bem mais provável que termine com uma parcela considerável de trabalhadores que, no mínimo, estão engajados.

A distinção entre engajamento e inspiração é acentuada por estudos – nossos e de terceiros. Em geral, o engajamento da pessoa com o trabalho se dá por um de três meios. Um deles é quando a pessoa está envolvida com o conteúdo do trabalho em si. Um outro é quando se sente engajada devido ao contato com outras pessoas – os chefes para quem trabalha, as equipes com que trabalha. Ou a pessoa pode acreditar no propósito da empresa (falaremos mais sobre essa conexão no próximo capítulo). Embora seja sempre melhor que o funcionário tenha ao menos um desses vínculos – é isso o que cria o engajamento –, um indivíduo profundamente inspirado está ligado dessas três maneiras. Uma pessoa não vai se sentir realmente inspirada no trabalho se gostar só daquilo que faz, mas não do chefe ou dos colegas. Um lugar realmente bom para trabalhar produz as três modalidades de engajamento: traduz o propósito da empresa para o conteúdo do trabalho que as pessoas fazem e cultiva chefes inspiradores e equipes de alto rendimento que ajudam as pessoas a atingir seu pleno potencial.

O impacto disso sobre o poder produtivo é significativo. Quando questionamos executivos em nossa pesquisa sobre a produtividade de gente inspirada, esses líderes calcularam que a produtividade de uma pessoa inspirada é mais de duas vezes maior do que a de alguém meramente satisfeito. Essas estimativas batem com a experiência de empresas que assessoramos. A Dell Technologies, por exemplo, vem monitorando a satisfação e o engajamento dos funcionários há anos. De 2014 para cá, a equipe de recursos humanos da Dell, encabeçada pelo vice-presidente sênior de RH, Steve Price, vem burilando a pesquisa interna "Tell Dell" para mensurar melhor a inspiração dos funcionários (e de equipes). Os dados são contundentes. Um funcionário que se sinta inspirado pelos líderes e pelo trabalho na Dell tem 30% mais probabilidade de recomendar os produtos da empresa a alguém da família ou a um amigo do que um funcionário meramente satisfeito. A chance de que recomende a Dell como um bom lugar para trabalhar é três vezes maior – e os candidatos que indica têm quase o dobro da probabilidade de serem contratados e permanecerem na empresa. Já a probabilidade de que um funcionário inspirado deixe a Dell por uma oportunidade de trabalho em outra empresa é de metade. O impacto do trabalhador inspirado não se resume à recomendação dos produtos, serviços e oportunidades de trabalho da empresa. Equipes de venda direta com líderes classificados como inspiradores vendem 6% mais, em média, do que equipes de vendas chefiadas por líderes sem poder de inspirar. Se a empresa pudesse converter líderes que não inspiram em líderes inspiradores – e se essa proporção se mantivesse –, a Dell poderia ter uma receita adicional de mais de US$ 1 bilhão todo ano.

Há muitos outros estudos de especialistas em psicologia comportamental, acadêmicos de faculdades de administração e consultores-praticantes sobre técnicas específicas para engajar os quadros. Não tentaremos, aqui, cobrir toda essa vasta literatura. Em vez disso, o que faremos é apresentar uma fórmula pragmática para que, com um punhado de ideias simples, a alta liderança de uma empresa possa tomar medidas radicais para aumentar o engajamento inspirador. Empresas que inspiram seus funcionários começam com uma *filosofia humana do local de trabalho* e desenvolvem a capacidade de colocar tal filosofia em prática por meio do modelo operacional, de sistemas de talentos, da proposta de valor para o trabalhador e de formas de trabalhar. Essas empresas promovem a *autonomia*, que talvez seja o fator mais importante da inspiração. Muitas empresas comprometem a autonomia das pessoas, em geral porque estão (com justa razão) preocupadas com metas organizacionais maiores, como repetibilidade e escalabilidade. Mas é possível equilibrar essas metas, como veremos. Por último, essas empresas *cultivam líderes inspiradores*, indivíduos capazes de erguer uma organização de alto rendimento e inspiradora ao mesmo tempo. Como veremos no capítulo seguinte, desempenho e inspiração criam um círculo virtuoso. Uma liderança inspiradora é o primeiro passo para dar início a esse ciclo – e está ao alcance de todos os seus líderes.

Esses fundamentos contribuem, e muito, para a criação de um ambiente no qual as pessoas realmente *queiram* trabalhar. Um ambiente desses é o melhor recrutador, a melhor política de retenção e o melhor caminho para o engajamento: reconquista seus quadros todos os dias e dá a todos uma razão para se importarem profundamente com o que fazem. Vejamos cada um desses três elementos.

1. DESENVOLVER E INSTITUIR UMA FILOSOFIA HUMANA

Um bom ponto de partida é se perguntar em que tipo de ambiente você gostaria de trabalhar. É bem provável que você queira saber qual a missão do grupo no qual trabalha – e a sua, em particular. E, também, qual a relação de cada missão dessas com o

Busque inspiração (não só engajamento)

propósito da empresa. Você também ia querer eliminar todo o fardo organizacional que dificulta o trabalho das pessoas no dia a dia.

A maioria dos líderes com quem falamos também ambiciona outras coisas para a organização. Esses líderes querem montar equipes com indivíduos de alto rendimento e dar a essas equipes considerável autonomia para cumprir sua missão. Querem criar um lugar no qual todos possam crescer e chegar até onde sua ambição e sua habilidade os levem. Sabem que tem gente que vai buscar a excelência. E que outros vão se contentar em ser bons no que fazem e melhorar a cada dia. Mas esses líderes querem que todos se sintam parte da organização e se identifiquem com suas metas.

Um lugar assim não é um mito. É possível vê-lo em plena ação em muitas das empresas "millennials" surgidas nas últimas décadas – empresas como Google, Netflix, Spotify, Airbnb, Tesla, SpaceX e muitas outras. A maioria dessas empresas têm modelos de negócios turbinados por tecnologias digitais. Muitas são lideradas pelos fundadores e exibem traços daquilo que nossos colegas Chris Zook e James Allen chamam de "mentalidade do fundador". Em geral, conseguem motivar o pessoal a se lançar a missões ousadas. Qual seu segredo?

- **Partem com a meta de fazer diferença.** Essas empresas querem ver resultados e em geral têm uma atitude de "Davi x Golias" que faz com que sejam altamente competitivas. Suas metas são articuladas não só de olho no sucesso financeiro, mas também em termos do impacto exercido na vida de clientes e da sociedade em geral. Na Dell, por exemplo, os líderes enfatizam "o próximo bilhão de gente que vai ter acesso à educação, o próximo bilhão de gente que vai receber atendimento médico melhor com base nas informações que médicos acessam graças à Dell". São metas grandes como essas que motivam o trabalhador a dar mais de si.

- **Apostam na confiança.** Essas empresas dão ao pessoal liberdade para investir em sua paixão dentro da empresa e fora dela.

- **Não têm medo de correr riscos.** Nessas empresas, assumir riscos – desde que calculados – é algo incentivado. Nelas, toda decisão é embasada em fatos e dados. São empresas que testam hipóteses e ajustam o rumo com relativa facilidade quando necessário.

- **Dão mais poder à equipe do que a gerentes isolados.** Organizações que dão muito poder a gerentes tendem a minar a autonomia do indivíduo e o poder de equipes. É um erro que empresas de sucesso não cometem. É verdade que algumas podem ir longe demais com essa autonomia – ainda não nos convertemos ao conceito de "holocracia" da loja on-line Zappos, que busca reformar totalmente a hierarquia administrativa. É possível, no entanto, a coexistência de hierarquias e equipes autônomas. O Google, por exemplo, trabalha com amplitudes de controle tão grandes que é praticamente impossível para um gerente microgerenciar as equipes pelas quais é responsável.

- **Suas culturas e práticas de negócios são pautadas por princípios e não por regras.** Uma cultura pautada por regras só é boa se a lógica de negócios que embasa as regras for boa. Em mercados dinâmicos como aqueles nos quais essas empresas atuam, é praticamente impossível atualizar e implementar regras com suficiente frequência. Já uma cultura guiada por princípios é dinâmica e capaz de se adaptar a novas condições em tempo real. Essas empresas tentam instituir padrões de comportamento para determinar como se trabalha ali dentro, em vez de criar um painel de controle fiscalizado por guardiões da cultura.

Busque inspiração (não só engajamento)

Muitos dirão que, para uma empresa arrojada – cheia de gente jovem e ambiciosa –, é fácil criar um ambiente de trabalho no qual o indivíduo está no centro e tem poder. Mas qualquer empresa pode tratar a força de trabalho como um ativo e não como uma despesa. Pense na diferença entre a demonstração de resultados e o balanço patrimonial. Quando uma empresa vê o "pessoal" como um item na demonstração de resultados – um custo –, seu foco será sempre minimizar a despesa. Já quando vê o trabalhador como um item do balanço – capital humano, um ativo –, sua meta será maximizar o valor produtivo do ativo. Muitas empresas proclamam da boca para fora essa distinção, mas poucas criam um ambiente de trabalho que tire o máximo partido do capital humano contido no balanço. Zeynep Ton, da Sloan School of Management (MIT), escreveu longamente sobre o poder dessa perspectiva do "balance-sheet" no livro *The Good Jobs Strategy*.[1] Ao examinar o setor supermercadista, que é cheio de postos de trabalho mal remunerados, ela demonstra de forma convincente como empresas como as americanas QuickTrip, Trader Joe's, Costco e a espanhola Mercadona criaram modelos de negócios superiores fundados na dobradinha de perseguir a excelência operacional e tratar funcionários como ativos, em vez de despesas.

Tanto a nova safra de millennials quanto as tradicionais redes de supermercados colocaram em prática uma ideia crucial: para envolver sua equipe, trate todos como adultos, como gente que busca um trabalho com sentido, gente digna de confiança e capaz de agir por conta própria sem muita supervisão. É essa filosofia que lança as bases para a inspiração e o engajamento.

Implementação: siga a hierarquia de práticas de engajamento. A filosofia de motivação humana de uma empresa assume contornos práticos por meio de vários elementos distintos e está refletida na proposta de valor que a empresa faz aos funcionários. Ela afeta o modelo operacional, o ambiente de trabalho e formas de colaboração. Uma empresa que leva a sério sua filosofia se certifica de que esta aborde todos os fatores que determinam o nível de engajamento e inspiração das pessoas.

Antes de examinarmos esses fatores, há uma ressalva a fazer: um trabalhador que sinta que está na ocupação errada jamais será engajado ou inspirado, por mais que a empresa tente. Logo, estamos partindo da tese de que sua empresa tem um sistema eficaz de recrutamento e colocação capaz de casar uma pessoa com o trabalho certo para ela – trocando em miúdos, que permita a seus fazedores de diferença fazer a maior diferença possível.

Em nosso trabalho, achamos útil pensar no engajamento como uma faixa que vai de satisfeito a inspirado e cujo condutor é um modelo hierárquico que chamamos de pirâmide das necessidades do trabalhador (veja Figura 6-2). No nível mais baixo estão os qualificadores, que são necessários para um grau básico de satisfação. Estamos falando de coisas essenciais, pois não dá para esperar que as pessoas estejam engajadas no trabalho se suas necessidades fundamentais não forem satisfeitas. Isso inclui proporcionar aos funcionários um local de trabalho seguro, tanto física como emocionalmente; dar ferramentas, treinamento e recursos necessários para que o trabalho seja bem feito; garantir que ninguém seja obstruído pelo fardo organizacional gerado pelo excesso de burocracia; e oferecer tanto recompensas monetárias justas como a sensação de que o empregado é valorizado. Uma empresa que satisfaça essas necessidades vai descobrir que seus trabalhadores estão relativamente satisfeitos com o trabalho e com o que fazem. Podem não estar totalmente engajados – e até pensar em sair se surgir uma oportunidade melhor –, mas pelo menos não estão entrando com o carro de ré na vaga do estacionamento.

Busque inspiração (não só engajamento)

FIGURA 6-2

Pirâmide das necessidades do trabalhador

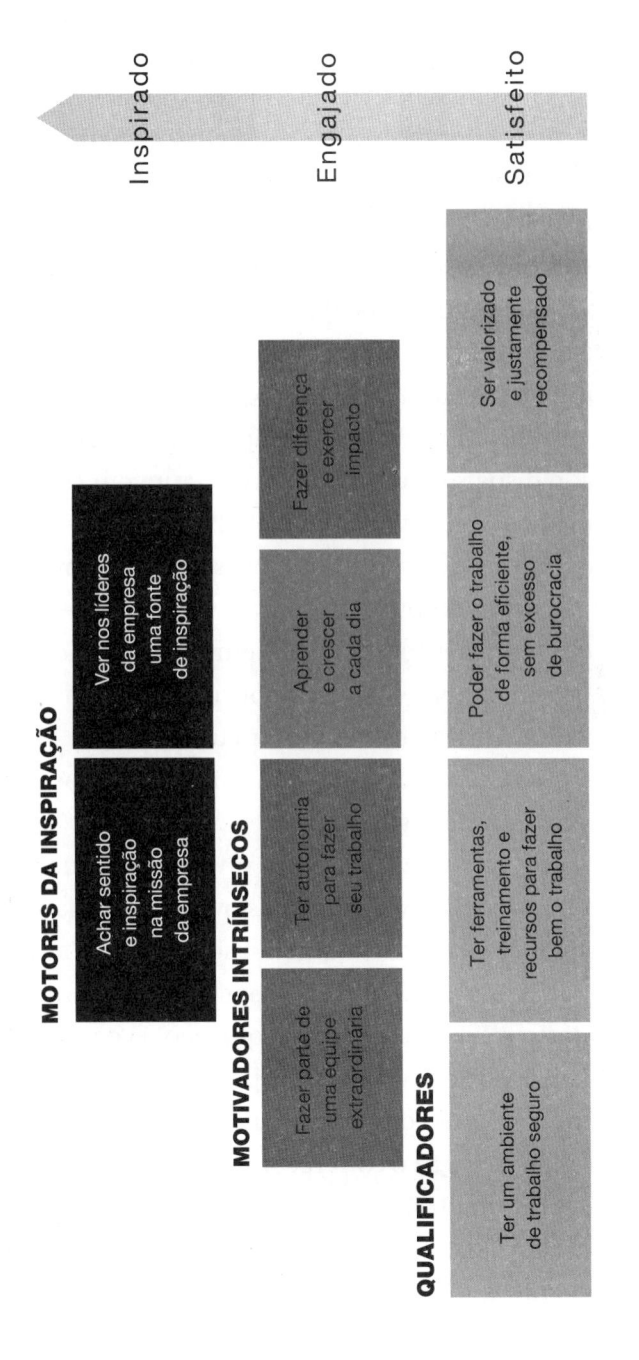

MOTORES DA INSPIRAÇÃO
- Achar sentido e inspiração na missão da empresa
- Ver nos líderes da empresa uma fonte de inspiração

MOTIVADORES INTRÍNSECOS
- Fazer parte de uma equipe extraordinária
- Ter autonomia para fazer seu trabalho
- Aprender e crescer a cada dia
- Fazer diferença e exercer impacto

QUALIFICADORES
- Ter um ambiente de trabalho seguro
- Ter ferramentas, treinamento e recursos para fazer bem o trabalho
- Poder fazer o trabalho de forma eficiente, sem excesso de burocracia
- Ser valorizado e justamente recompensado

Inspirado → Engajado → Satisfeito

Fonte: Bain & Company

O nível seguinte na pirâmide inclui fatores que começam a promover um engajamento mais forte. Nesse nível, a empresa começa a liberar parte da energia discricionária dos trabalhadores; dá a indivíduos e equipes poder para se lançar a missões extraordinárias. Fatores nesse nível têm alta correlação com motivações intrínsecas das pessoas. Em *Motivação 3.0: os novos fatores motivacionais para a realização pessoal e profissional*, Daniel Pink descreve três pilares fundamentais da motivação: autonomia, domínio e propósito.[2] Uma empresa que garanta a seus funcionários níveis adequados de autonomia e a oportunidade de chegar a dominar aquilo que fazem, tanto individualmente como dentro de uma equipe de alto rendimento, verá a produtividade disparar. Funcionários que atingem esse grau de engajamento gostam do conteúdo do trabalho, chegam entusiasmados todo dia e assumirão de bom grado novas tarefas e novos desafios.

O nível superior da pirâmide traz a última dimensão: inspiração. Aqui, o engajamento viraliza. Além de estar individualmente inspirado, o trabalhador inspira os outros com sua paixão e seus atos. Quem se encontra nesse nível vira um defensor loquaz da empresa. Essa pessoa acredita na companhia e faz coisas extraordinárias para contribuir para seu sucesso.

É importante entender que esses níveis são sequenciais. Como bem ensinou o psicólogo Abraham Maslow, o ser humano só vai pensar em objetivos mais elevados quando suas necessidades básicas tiverem sido satisfeitas. Essa pirâmide é a versão empresarial da hierarquia de Maslow. É um lembrete de que não dá para esperar que as pessoas fiquem engajadas, que dirá inspiradas, a menos que seus líderes tenham tomado medidas necessárias para garantir um ambiente de trabalho seguro, eficaz e com recompensas justas. Sem isso, qualquer iniciativa destinada a fomentar o engajamento vai parecer apenas mais um compromisso sugador de energia – ou uma cínica tentativa de fazer gente já sobrecarregada trabalhar ainda mais. Tentativas de inspirar os funcionários são particularmente sujeitas a esse efeito inverso. Declarações de missão pomposas, mas sem fundamento na realidade cotidiana das operações da empresa, vão soar falsas.

Descobrimos que uma chave infalível para o engajamento é ajudar o indivíduo a vincular sua função e sua missão específicas ao propósito da empresa. É algo particularmente útil na área de serviços; ao estabelecer uma conexão entre os funcionários e a clientela que atendem, o cliente deixa de ser um ente abstrato e passa a ser alguém de carne e osso – o que faz o pessoal começar a enxergar o elo entre seu trabalho e a missão da empresa. É justamente o que fez a Nordstrom. No artigo "The Path that Builds Trust", Jennifer Robin, do instituto Great Place to Work, conta que a Nordstrom tem uma única norma para os trabalhadores: "Usar o bom senso em toda e qualquer situação". Além disso, adota um único objetivo, bem simples e claro: "Nossa meta número um é prestar um atendimento excepcional ao cliente". Essa meta traz clareza para os funcionários, pois "serve de guia para a tomada de decisões, é um padrão de referência e também uma filosofia de atendimento ao cliente que faz da Nordstrom a líder que é do setor". Além disso, a empresa dá orientação específica aos funcionários sobre a conduta que se espera deles. Segundo um ex-funcionário, são coisas como:

- Se um cliente não souber onde encontrar algo, alguém o levará até lá. Um vendedor da Nordstrom raramente se limita a apontar a direção.

- Vendedores são orientados a sair de trás do caixa para entregar a sacola nas mãos do cliente, em vez de simplesmente passá-la por cima do balcão.

- Vendedores podem se oferecer para passar a compra do cliente sem que ele fique na fila.

- Em geral, departamentos são instruídos a atender o telefone no máximo no segundo toque.[3]

Embora cada expectativa dessas seja relativamente modesta por si só, juntas elas criam, para o cliente, uma experiência que poucas varejistas conseguem equiparar.

Para permitir que os funcionários ajam com autonomia e com o interesse do cliente em mente, a empresa criou um modelo operacional e um sistema de reconhecimento que se reforçam mutuamente. Para reconhecer os melhores vendedores da casa, por exemplo, a Nordstrom tem um "million-dollar club". Essa elite de vendedores pode agir como pequenos empreendedores, e "usar sua lista de clientes (...) para estabelecer e cultivar uma relação pessoal com essa clientela e fazer o que julgarem pertinente para atendê-los – em outras palavras, operar seu 'próprio' negócio dentro da empresa".[4] O resultado é que a Nordstrom é famosa por histórias quase inacreditáveis de atendimento ao cliente. Uma matéria no *Jacksonville Business Journal*, por exemplo, contou que um funcionário da limpeza em uma loja da empresa em Connecticut achou no estacionamento sacolas de uma cliente, junto do recibo e de uma reserva de voo. Suspeitando que a cliente tivesse rumado da loja diretamente para o Kennedy International Airport, em Nova York, o funcionário puxou o telefone da mulher no sistema da empresa e começou a ligar para ela – *tudo isso enquanto se deslocava de carro para o aeroporto com as sacolas.* Como a cliente não atendia o telefone, o funcionário pediu que o aeroporto avisasse, pelo sistema de alto-falantes, que ele estava levando as sacolas.[5]

3. EQUILIBRAR AUTONOMIA DAS PESSOAS E NECESSIDADES ORGANIZACIONAIS

O conceito de autonomia do trabalhador tem papel central em qualquer modelo de engajamento e inspiração em empresas modernas e dinâmicas; aliás, a autonomia pode ser o elemento mais importante para promover engajamento ou inspiração em qualquer empresa. Como alguém vai se sentir engajado – que dirá inspirado – se achar que um supervisor está sempre na sua cola, espiando o que faz? Só que a autonomia é uma faca de dois gumes. Por um lado, estimula a criatividade e o envolvimento. Por outro, a autonomia desenfreada pode gerar ambiguidade e ineficiência – e até o caos organizacional. Para chegar a um equilíbrio, é preciso vencer três desafios distintos:

Equilibrar autonomia e responsabilidade. Um contrapeso essencial à autonomia é uma rigorosa responsabilidade por resultados – e pelas ações e comportamentos que produzem ditos resultados. Como diz a velha máxima, toda liberdade tem seu preço.

A empresa precisa, portanto, estabelecer uma estratégia e um propósito que sirvam de contexto para os atos de seus funcionários. Precisa pôr a estratégia em prática por meio de objetivos mensuráveis, da firme avaliação do progresso rumo a essas metas, de sistemas de feedback para monitorar as atividades ao longo do caminho e de consequências condizentes para o caso de as metas serem ou não atingidas. Quando realmente boas, empresas como as que mencionamos percebem que nem tudo é fácil de medir ou deveria ser mensurado – e que ficar microgerenciando e tomando a temperatura sem parar é ineficaz e desmotivante. Essas empresas, contudo, conseguem estabelecer limites transparentes e expectativas claras. Indivíduos e equipes sabem que serão responsabilizados e sabem onde estão as muretas de proteção. Entendem as metas e têm bastante liberdade para decidir como alcançá-las sem transpor essas barreiras. Clareza de propósito e aquilo que chamamos de estratégias de alta resolução – que dão às pessoas uma visão clara do rumo a seguir – são a bússola que norteia toda escolha que equipes e indivíduos fazem ao trabalhar de forma autônoma.

Equilibrar liberdade de inovar e adesão a rotinas consagradas. Toda empresa começa a vida como um projeto empreendedor. À medida que cresce e que o setor no qual compete amadurece, seus líderes buscam garantir que a organização obtenha os benefícios do aprendizado e das economias de escala advindos de fazer a mesma coisa repetidamente. Quando essa transição é bem administrada, a empresa cria mecanismos organizacionais que garantem que melhores práticas e rotinas consagradas sejam seguidas com rigor; fazem isso sem criar um excesso de regras e sem privar a organização da energia empreendedora. Já quando mal administrada, a empresa acaba produzindo trabalhadores que seguem a tal ponto as normas que param de inovar.

O segredo, aqui, é determinar como conseguir as duas coisas – coerência e inovação – na proporção certa e nos lugares certos da organização. A liberdade de inovar é um requisito fundamental em muitas áreas – como o desenvolvimento de novos produtos ou setores da cadeia de valor e do modelo de negócios da empresa que estejam sofrendo considerável reinvenção devido a transformações digitais. Nessas atividades, a rapidez da inovação é crucial e a meta deve ser autonomia, pequenas equipes e agilidade organizacional. Outras áreas, contudo, podem sair ganhando com abordagens padronizadas. São áreas nas quais resultados uniformes são essenciais e nas quais a velocidade da execução vem do emprego de métodos comuns, melhores práticas e rotinas rígidas. Aqui, o mote deve ser repetibilidade e eficiência. Cada uma requer rapidez em diferentes áreas, inovação *versus* execução, e produz esses resultados de maneira distinta. Para chegar a um bom equilíbrio, o desafio é saber que método deve predominar e como conceber modos condizentes de trabalho para cada área. A abordagem errada produz confusão quanto a metas e ineficácia.

Equilibrar alinhamento e controle. Essa tarefa está intimamente ligada às outras duas. Em organizações hierárquicas tradicionais, gerentes dirigem o trabalho de subordinados e, com isso, garantem o alinhamento com as metas maiores da organização. Amplitudes de

Busque inspiração (não só engajamento)

controle são limitadas a um número razoável – em geral oito pessoas ou menos – para que o gerente possa efetivamente supervisionar o trabalho dos subordinados. Esse modelo organizacional pode funcionar bem em mercados relativamente estáveis, em que o ritmo de mudança é contido e o ciclo de planejamento anual é suficiente para administrar mudanças estratégicas e correções de rumo. Já em mercados mais dinâmicos, nos quais o ciclo da inovação é de dias ou semanas, e não de meses ou anos, e boa parte do trabalho é de natureza multidisciplinar e feito por equipes pequenas e ágeis, um modelo organizacional desses pode demorar demais para reagir e inovar. Empresas que optam por dar poder a equipes autônomas precisam achar um jeito de garantir a coordenação e a conectividade entre essas equipes sem depender de gerentes para controlar tudo. Produzir alinhamento sem controle excessivo requer, da gerência, uma mescla de arte e ciência.

Spotify

Vale a pena conferir o exemplo concreto de uma empresa da nova geração que encarou esses desafios.[6] Nossa favorita é o Spotify. O Spotify é uma empresa sueca de streaming de música, vídeo e podcasts. Tem dez anos de vida, 30 milhões de usuários pagantes e, em meados de 2016, uma receita que beirava os US$ 3 bilhões. Seus mais de 2 mil funcionários estão distribuídos em equipes ágeis, chamadas de "squads", que são auto-organizáveis, multidisciplinares e coposicionadas. O Spotify conseguiu, em grande medida, manter a mentalidade e os princípios ágeis sem deixar de cobrar resultados da equipe. A empresa promove a inovação sem abrir mão dos benefícios da repetibilidade, e cria alinhamento sem controle excessivo. Suas lições servem para muitas empresas, não só para as que oferecem serviços no universo digital. A Figura 6-3 mostra a arquitetura básica do modelo organizacional do Spotify.

FIGURA 6-3

Estrutura do Spotify

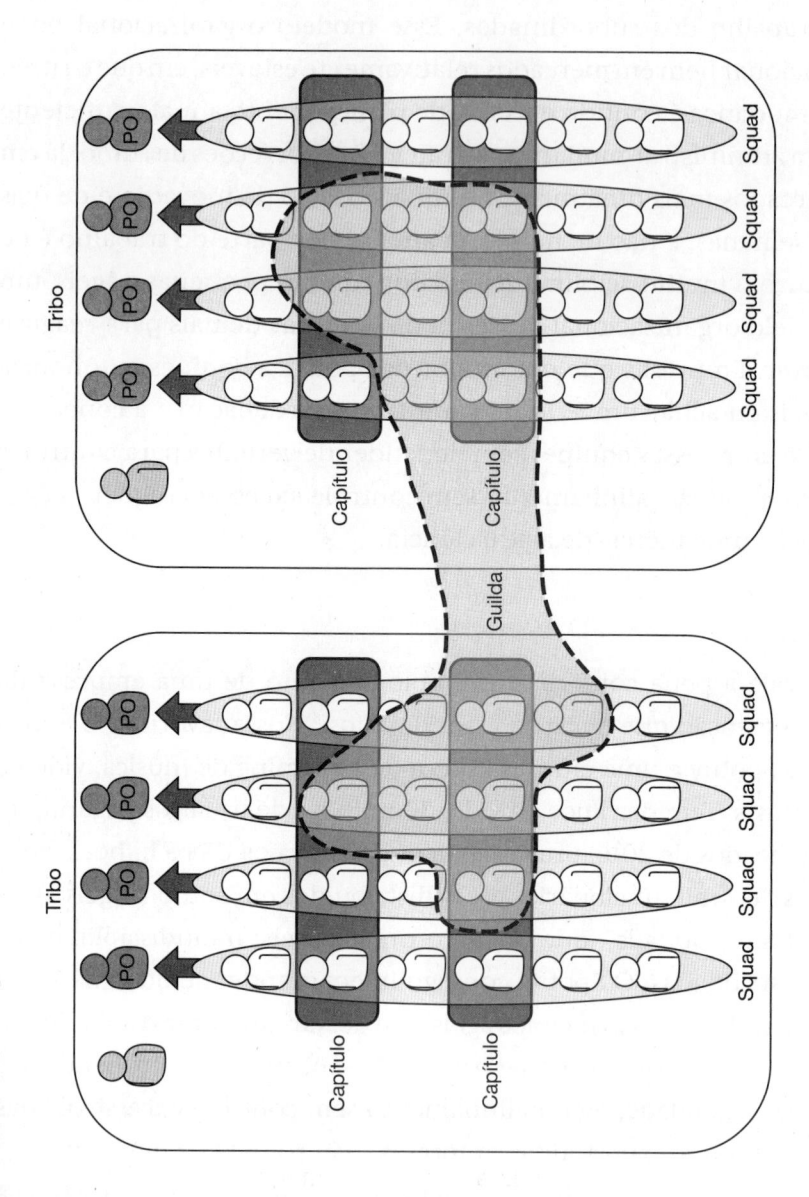

Fonte: Spotify.com

Observação: no gráfico, "PO" significa "Product Owner", ou "dono do produto"

A unidade organizacional básica do Spotify é um squad autônomo de não mais de oito pessoas. Cada esquadrão desses é responsável por um aspecto específico do produto, pelo qual responde do começo ao fim. Os squads têm autoridade para decidir o que criar, como criar e com quem trabalhar para tornar o produto interoperável. São organizados em uma matriz simples chamada tribo. Uma tribo reúne vários squads unidos por meio de um capítulo – um grupo horizontal que presta apoio em competências específicas como assistência de qualidade, coaching ágil ou desenvolvimento na web. A principal função do capítulo é facilitar o aprendizado e o desenvolvimento de competências pelos squads.

A liderança do squad é definida pela própria equipe. Já o líder do capítulo é um gerente formal que se concentra no coaching e no mentoring. O Spotify acredita no modelo jogador-treinador: líderes de capítulos também são membros de squads e membros de squads podem trocar de esquadrão e seguir com o mesmo líder formal no capítulo. O Spotify também criou um terceiro elemento organizacional, o "guild", ou guilda. As guildas são comunidades fluidas de interesses comuns cujo principal objetivo é a troca de conhecimentos em áreas que não se limitam a um capítulo ou squad, como liderança e temas técnicos como "continuous delivery" e "web delivery".

Essa combinação atípica de squads, tribos, capítulos e guildas é a infraestrutura organizacional na base do modelo operacional do Spotify. À primeira vista, pode parecer só outra maneira de definir uma matriz organizacional convencional em termos sintonizados com o universo "millennial" e digital. Mas um exame mais detido revela o quão diferente o modelo realmente é e por que parece funcionar tão bem.

Estrutura de squads produz autonomia sem sacrificar a prestação de contas. Todo squad é responsável pelos recursos que cria durante todo o ciclo de vida do produto e consegue enxergar perfeitamente onde cada recurso desses acertou ou errou. Um squad não tem um líder formal; nele, todo papel de liderança surge espontaneamente e é informal. Os resultados são visíveis tanto por meio de avaliações internas como do feedback de clientes e o squad deve entender cabalmente o que deu certo e o que não deu. Os squads fazem análises *post mortem* de tudo o que não funcionou para garantir que se aprenda com o erro; em certas salas de squads há até um "muro de *fails*". Em intervalos regulares de poucas semanas, os squads fazem retrospectivas para avaliar o que vai bem e o que precisa melhorar.

Para garantir que o processo de feedback seja eficaz tanto para os indivíduos quanto para os squads, o Spotify reformulou o sistema de gestão de desempenho, separando discussões de salário e avaliações de desempenho do coaching e do feedback. Antes, o feedback de colegas era incorporado na revisão de salários; nas palavras do Spotify, isso "incentivava as pessoas a reunir o maior número possível de avaliações favoráveis, em vez de buscar saber que áreas tinham mais potencial para melhorar". Agora, o pessoal usa uma ferramenta interna para pedir a qualquer um – incluindo gerentes, colegas e subordinados diretos – sua opinião sobre os resultados e sobre o que a pessoa poderia fazer para melhorar. É possível pedir esse feedback com a frequência que quiserem. Jonas Aman, funcionário do Spotify, diz: "O resultado é um processo que é controlado e conduzido por cada um e centrado no desenvolvimento e crescimento pessoal!".

Spotify incentiva a inovação sem perder benefícios da repetibilidade. Uma vez que os squads são os principais centros de inovação, o Spotify concebeu os capítulos como uma matriz para conectar competências entre os squads. De certo modo, cada capítulo é como um centro de expertise em uma determinada área – como no modelo tradicional que liga departamentos centralizados a unidades de negócios. No caso do Spotify, os capítulos têm menos autoridade formal e são organizados em torno de certas competências, e não de grandes funções. As guildas

Busque inspiração (não só engajamento)

foram criadas para facilitar a troca de experiências ligadas a temas horizontais de interesse comum situados num nível mais elevado do que uma competência específica. No modelo tradicional, departamentos centrais definem e aplicam regras e processos rotinizados de cima para baixo. No Spotify, melhores práticas são descobertas no decorrer tempo e consagradas pela adoção popular, de baixo para cima. Uma prática ou ferramenta só vira o padrão quando um número suficiente de squads a adotou e a converteu na norma de fato.

A cultura – tema do próximo capítulo – também cumpre um papel importante na hora de manter o motor da inovação operando a todo vapor. A cultura do Spotify vê com bons olhos a experimentação e dá ênfase a abordagens de teste e aprendizado e a experimentos delimitados. Se uma pessoa não sabe qual a melhor maneira de fazer algo, o provável é que prove métodos distintos e faça vários testes A/B para descobrir qual é preferível. O Spotify faz de tudo para trocar opinião, ego e autoridade por dados, experimentos e um diálogo aberto sobre causas. E reduz o custo de errar com uma arquitetura desacoplada, de modo que qualquer erro tenha um "raio de destruição limitado" e afete apenas parte da experiência do usuário.

Spotify promove alinhamento sem controle excessivo. A característica organizacional definidora do modelo do Spotify é o conceito de squads com "baixo acoplamento e alto alinhamento". A tese central aqui é que "alinhamento permite autonomia – e quanto maior o alinhamento, mais autonomia é possível dar". É por isso que a empresa passa tanto tempo alinhando todos com objetivos e metas antes de iniciar um trabalho. O modelo de liderança do Spotify reforça esse alinhamento. A função de um líder é descobrir o problema certo e comunicá-lo para que os squads possam colaborar para achar a melhor solução. A coordenação se dá por meio do contexto e de uma profunda compreensão das prioridades, das estratégias de produto e da missão geral da empresa. O processo de lançamento separa cada elemento para squads de recursos, squads de infraestrutura e squads de aplicativos do cliente. A capacidade de lançar recursos e, em seguida, ativá-los ou desativá-los permite que a empresa lance uma novidade antes mesmo que todos os recursos estejam funcionando plenamente. Aqui, também, a cultura serve de apoio. O lema no Spotify é "seja autônomo, mas sem subotimizar: seja um bom cidadão no ecossistema do Spotify". Uma analogia comum na empresa é com um grupo de jazz: embora cada squad toque o próprio instrumento, um está ouvindo o outro e atento à partitura geral para fazer boa música.

É claro que nem todo elemento da fórmula do Spotify vai servir para qualquer outra empresa. Não é essa a ideia. A ideia é que uma empresa deve fazer escolhas explícitas sobre o modelo operacional, as formas de trabalhar e a cultura para resolver os três pontos fundamentais de conflito entre a autonomia do indivíduo e as metas da organização. Alinhar sistematicamente todos os elementos do modelo operacional e do ambiente de trabalho para criar autonomia sem sacrificar a prestação de contas, promover a inovação onde mais importa sem perder os benefícios da escalabilidade e da repetibilidade e obter alinhamento sem controle excessivo são fatores fundamentais para se criar um ambiente de trabalho engajador e inspirador.

3. FORMAR LÍDERES QUE PRODUZAM RESULTADOS *E* INSPIREM

Uma liderança forte é um dos fatores de maior peso para quem quer passar do engajamento à inspiração. No estudo Bain-Economist Intelligence Unit, pedimos aos participantes que avaliassem a equipe de liderança quanto à capacidade de inspirar e motivar. Os resultados aparecem na Figura 6-4 e não são nada animadores. Menos de metade dos entrevistados disse "concordar" ou "concordar plenamente" que seus líderes estavam inspirando as pessoas ou fazendo o necessário para inspirá-las.

Busque inspiração (não só engajamento)

FIGURA 6-4

Sua organização tem líderes que inspiram?

Indique, por gentileza, em que medida você concorda com os enunciados abaixo sobre os líderes em sua organização

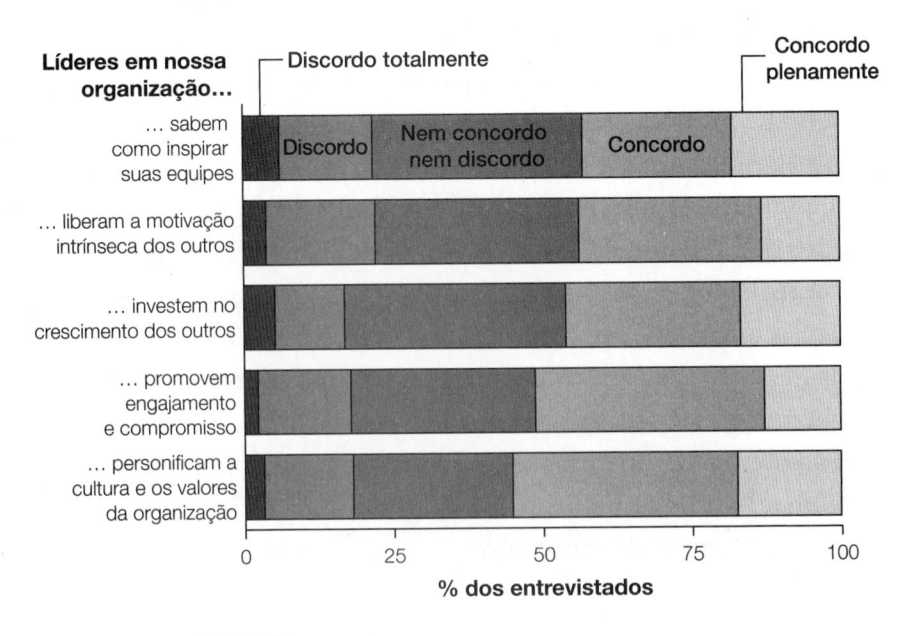

Líderes em nossa organização...
- ... sabem como inspirar suas equipes
- ... liberam a motivação intrínseca dos outros
- ... investem no crescimento dos outros
- ... promovem engajamento e compromisso
- ... personificam a cultura e os valores da organização

Categorias: Discordo totalmente | Discordo | Nem concordo nem discordo | Concordo | Concordo plenamente

% dos entrevistados (0 – 25 – 50 – 75 – 100)

Fonte: pesquisa Bain/EIU (N=308)

Uma condição é clara: inspiração e desempenho devem ser inseparáveis. Isso vale tanto para líderes fortes quanto para culturas vencedoras. Quem vai ficar inspirado trabalhando para uma empresa que produz resultados medíocres? Ao observar centenas de líderes de alto impacto em levas de empresas no mundo todo, constatamos vez após vez que as mais fortes cuidam tanto do desempenho como da inspiração. Líderes atentos exclusivamente ao desempenho podem impor à empresa um custo que esta não está disposta a pagar. Já os que buscam só a inspiração podem acabar com uma equipe motivada – mas minada por resultados medíocres. Dado o impacto descomunal dos líderes na cultura da empresa, ninguém devia se surpreender por acharmos que ambos deveriam ser avaliados por sua ênfase no alto desempenho *e* por sua capacidade de inspirar.

Uma liderança eficaz não é um artigo genérico. Para ter um desempenho excepcional, uma empresa precisa de um perfil de liderança geral que reflita sua estratégia, seu modelo de negócios e sua cultura específicos – em outras palavras, uma assinatura comportamental comum, conforme descrito no capítulo 4. Assim como a empresa precisa se destacar em certas áreas para adquirir vantagem competitiva, um líder deve se destacar em certos comportamentos que sejam relevantes para o modelo de geração de valor da empresa. Uma boa assinatura comportamental é exclusiva de cada empresa, mas deve ser comum a todos os líderes ali dentro. Para chegar à inspiração, no entanto, é preciso uma abordagem diferente. Nossa experiência nos mostrou, repetidas vezes, que todo líder tem o potencial de inspirar se souber explorar seus pontos fortes. A combinação de atributos que levam à liderança inspiradora é, portanto, peculiar a cada indivíduo.

Forme líderes inspiradores. Há poucos métodos rigorosos para medir a capacidade de alguém de inspirar, para desenvolver sistematicamente essa qualidade intangível ou para cultivar essa capacidade por toda a organização. "A liderança, enquanto área de investigação intelectual, continua fraca e não há muitas ideias originais sobre como deveria ser o aprendizado de líderes [nessa] segunda década do século 21", observa Barbara Kellerman, da Harvard Kennedy School.

Para entender o que faz com que um líder seja inspirador, fizemos, juntamente com colegas, uma extensa pesquisa primária. Partimos com uma sondagem inicial de 2 mil trabalhadores. Pedimos aos participantes que avaliassem o quão inspirados eram por seus colegas. Pedimos, ainda, que classificassem o que contribuía para essa sensação de inspiração. Embora a inspiração possa parecer algo difícil de decifrar, identificamos 33 atributos distintos e tangíveis, apresentados na Figura 6-5, que são estatisticamente relevantes para fazer o outro sentir inspiração. Para montar essa lista recorremos a várias disciplinas, incluindo psicologia, neurologia, sociologia, comportamento organizacional e ciência administrativa. Fizemos também longas entrevistas.

Em seguida, agrupamos as características que inspiram em quatro quadrantes que apontam o cenário no qual cada característica tende a surtir efeito. Um quadrante, por exemplo, reúne qualidades ligadas ao comando de equipes – coisas como foco, harmonia e direção. Outro quadrante, que inclui tolerância ao estresse, otimismo e autoconsciência emocional, reúne comportamentos que fortalecem os recursos internos do indivíduo. Embora criem uma estrutura que torna o modelo mais fácil de digerir, esses quadrantes não priorizam qualquer distribuição particular de habilidades. Nossa pesquisa revela que cada um desses elementos é importante para o estado geral de inspiração de uma organização e que nenhuma combinação em particular tem mais poder do que outra de contribuir para a capacidade de inspirar de um indivíduo.

O passo seguinte foi avaliar a capacidade das pessoas de inspirar. Segundo nossa definição, as qualidades que distinguem um indivíduo são aquelas exibidas pelos 10% mais bem colocados em seu grupo em particular. Qualidades situadas entre os percentis 70 e 90 foram rotuladas de "potenciais vantagens diferenciadoras" e as dos 10% piores de "deficiências". Os 60% restantes do ranking são características neutras, já que a capacidade da pessoa nesse quesito não a impede de ter um efeito diferenciado sobre os outros – mas tampouco colabora. Os resultados da pesquisa revelaram quatro coisas fundamentais para a criação de programas de coaching que realmente ajudem um líder a aumentar seu quociente de inspiração:

ENERGIA

FIGURA 6-5

Modelo de liderança inspiradora da Bain

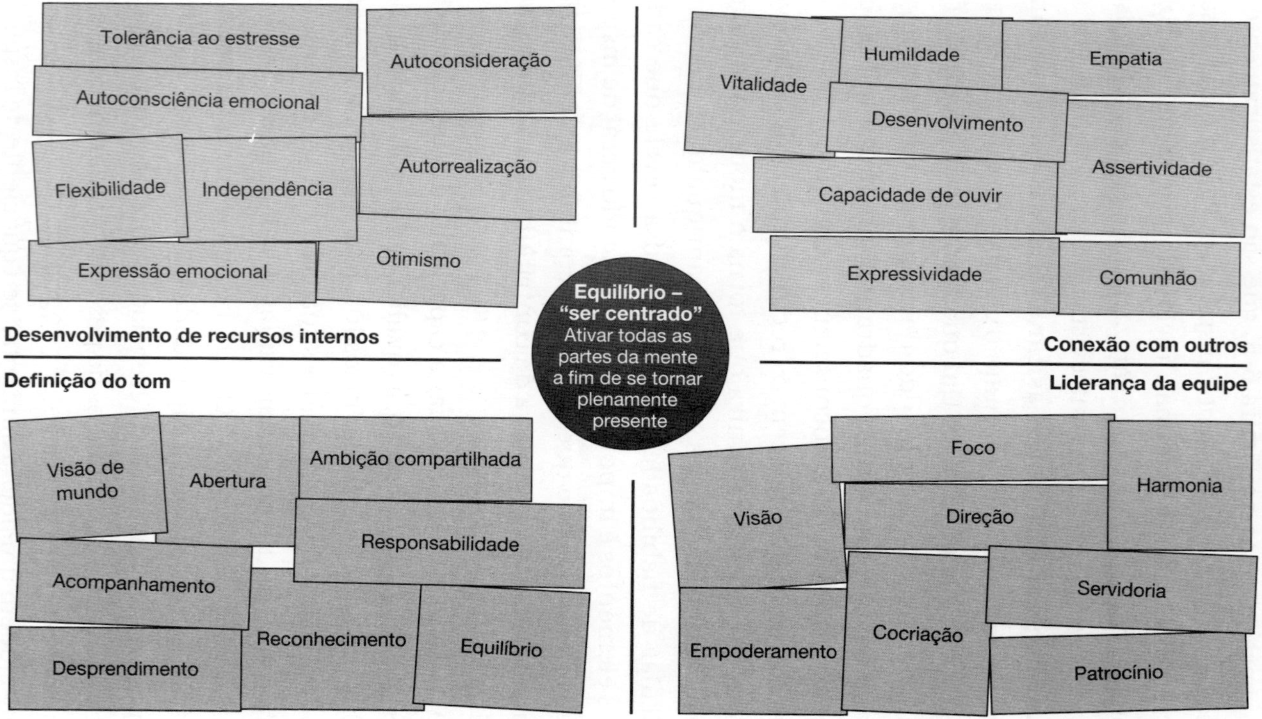

Conexão com outros

- Empatia
- Assertividade
- Comunhão
- Humildade
- Desenvolvimento
- Capacidade de ouvir
- Expressividade
- Vitalidade

Liderança da equipe

- Harmonia
- Servidoria
- Patrocínio
- Foco
- Direção
- Cocriação
- Visão
- Empoderamento

Equilíbrio – "ser centrado"
Ativar todas as partes da mente a fim de se tornar plenamente presente

Desenvolvimento de recursos internos

- Autoconsideração
- Autorrealização
- Otimismo
- Tolerância ao estresse
- Autoconsciência emocional
- Flexibilidade
- Independência
- Expressão emocional

Definição do tom

- Ambição compartilhada
- Responsabilidade
- Equilíbrio
- Abertura
- Reconhecimento
- Visão de mundo
- Acompanhamento
- Desprendimento

Fonte: Bain & Company

Busque inspiração (não só engajamento)

- Ter uma vantagem diferenciadora que seja – quer dizer, estar entre os 10% mais bem colocados entre seus pares em uma dessas características – praticamente dobra sua chance de ser um líder que inspira os outros.

- Quanto mais vantagens diferenciadoras tiver, mais inspirador você pode ser. Ter apenas quatro desses atributos como vantagens diferenciadoras já basta para tornar alguém altamente inspirador. Mais de 90% daqueles que demonstram vantagens superiores em quatro ou mais dos 33 elementos são inspiradores para seus colegas.

- É impressionante a diversidade daqueles que inspiram. Qualquer combinação de vantagens diferenciadoras funciona. Não há um arquétipo rígido do líder inspirador – fato que demonstra o poder da autenticidade. Líderes inspiradores têm diversos formatos.

- Todo mundo tem a capacidade de se tornar inspirador. O segredo, aqui, é se concentrar nos pontos fortes em vez de tentar corrigir deficiências. Isso bate com um crescente número de estudos. Segundo o Gallup, por exemplo, a probabilidade de que os colaboradores de uma empresa estejam engajados é de 73% quando a liderança da organização se concentra nos pontos fortes de cada indivíduo – quando não, cai para 9%.

Um resultado surpreendente da pesquisa foi descobrir que o atributo mais importante de todos os 33 era ter equilíbrio, *ser centrado* – no inglês, *centeredness* Estatisticamente falando, era o mais relevante para produzir inspiração – e a qualidade que os funcionários mais queriam cultivar. Ser centrado é chegar a um estado de grande *mindfulness*, o que se consegue com a mente inteira em estado de plena atenção. Embora um número crescente de empresas ofereça programas optativos de mindfulness para promover a saúde e a satisfação no trabalho, nossa pesquisa mostra que ser centrado é fundamental para poder liderar – pois aumenta a capacidade da pessoa de manter o equilíbrio, de lidar com o estresse, de mostrar empatia e de ouvir com mais atenção.

Hoje, empresas de vanguarda começam a criar programas com base nesses princípios. São empresas que entendem que a vantagem competitiva depende de sua capacidade de propiciar ao cliente uma grande experiência. São empresas que sabem que a natureza do trabalho mudou e que o trabalhador, hoje, quer mais que um salário e um tapinha no ombro. E que gente talentosa tem oportunidades de sobra e precisa ser reconquistada o tempo todo. Logo, essas empresas buscam, e valorizam, líderes que realmente inspirem os outros – e são proativas na hora de desenvolver essas habilidades inspiradoras na própria organização. Programas convencionais de formação de lideranças podem até ter funcionado na empresa do século 20. Mas o mundo hoje mudou – está mais rápido, mais exigente e mais aberto. Habilidades inspiradoras, devidamente valorizadas e cultivadas, são o caminho para um futuro mais produtivo. E para criar uma empresa na qual ninguém estacione de ré só para sair correndo no fim do dia.

● ● ●

Quanto mais funcionários uma empresa conseguir realmente engajar e inspirar, maior será o poder produtivo da organização. Gente que dedica um volume maior de sua energia discricionária ao sucesso da empresa é mais produtiva e torna aqueles a sua volta mais produtivos. Mas engajar o pessoal requer mais do que cartazes alegres na entrada da empresa, café gourmet de graça na cantina ou uma partidinha de voleibol na hora do almoço. É preciso uma gestão atenta – lá do alto – e dedicação para criar um ambiente no qual as pessoas tragam mais de si mesmas ao trabalho. E mais: como martelamos ao longo desse capítulo, buscar só o engajamento não basta. Empresas de desempenho realmente superior conseguem inspirar uma grande parcela da força de trabalho. E, de seus líderes, esperam tanto um alto rendimento como a capacidade de inspirar. Isso tudo permite que essas empresas tirem o máximo de seu capital humano.

QUATRO MEIOS DE CRIAR INSPIRAÇÃO E ENGAJAMENTO

1. *Ajude os funcionários a estabelecer um elo mais forte* entre o trabalho cotidiano e a clientela da empresa ou sua missão social. Você está dirigindo uma empresa na qual o pessoal quer estacionar de frente ou de ré quando chega para trabalhar?

2. *Formule e implemente uma filosofia humana.* Traduza essa filosofia em uma proposta de valor ao trabalhador, em um modelo operacional, em um ambiente de trabalho e em maneiras de trabalhar que contemplem todos os fatores do engajamento. Determine a ênfase a ser dada a cada elemento com base na estratégia, no modelo de negócios e na cultura da empresa.

3. *Crie uma organização de alta autonomia sem perder os benefícios da escalabilidade e da repetibilidade.* Busque o equilíbrio entre autonomia e necessidades da organização. Certifique-se de ter feito de tudo para eliminar a burocracia desnecessária, a microgestão e normas excessivamente prescritivas.

4. *Invista no desenvolvimento da liderança inspiradora.* É assim que se cria líderes capacitados tanto para produzir resultados excepcionais quanto para inspirar as pessoas.

7

CRIE UMA CULTURA VENCEDORA

ESTE LIVRO DEU VÁRIAS RECEITAS para superar o fardo organizacional, atrair e aproveitar grandes talentos e tirar partido da energia e do entusiasmo que as pessoas trazem para o trabalho. Mostramos como liberar tempo e eliminar a burocracia desnecessária. Discutimos a simplificação da organização e enfatizamos a identificação e a utilização de gente que realmente faça diferença. Demos um modelo pragmático para atrair profissionais de primeira, engajá-los e inspirá-los a fazer coisas incríveis.

Essas receitas em geral provocam duas perguntinhas enganosas e falsamente simples:

Tudo o que foi dito aqui parece apenas bom senso, mas por que no dia a dia da empresa as coisas não são assim?

Se seguirmos essas indicações, como garantir que irão vingar – e que iremos produzir e sustentar os resultados que buscamos?

A resposta às duas perguntas é algo que, embora já seja um clichê, é um elemento crucial de qualquer organização: a cultura. Respondendo à primeira pergunta, muitas empresas não tomam essas medidas aparentemente óbvias porque não casam com a cultura da empresa. Quando a empresa trata de implementá-las, a cultura reage como um sistema imunológico tentando proteger o organismo de um corpo estranho. No caso da segunda pergunta, a cultura vai determinar se as mudanças feitas vão durar e se vão produzir os resultados que se busca. Se a questão da cultura for bem resolvida, as demais medidas vão funcionar naturalmente e até reforçar umas as outras. Já se não acertar na cultura, seu esforço será constantemente frustrado, pois nada vai vingar. Ex-CEO da IBM, Lou Gerstner resumiu bem a coisa quando disse: "Antes de vir para a IBM, eu provavelmente teria dito (...) que a cultura era apenas um de vários elementos importantes para a estrutura e o sucesso de uma organização (...). Acabei concluindo, no tempo que passei na IBM, que a cultura não é só um aspecto do jogo: é o jogo".[1]

Não é só Gerstner que pensa assim. Na base de praticamente toda empresa de sucesso sustentável, há uma cultura vencedora. Essa cultura é, muito provavelmente, a fonte mais duradoura de vantagem competitiva. É sua maior defesa contra a estagnação e o progressivo aumento da complexidade. É o que permite à empresa ganhar escala virtual com a colaboração e funcionários engajados e, com isso, encarar adversárias mais robustas. Uma cultura forte serve, também, para atrair talentos. Num estudo que fizemos em 2013, comparamos a força da cultura de uma empresa com a disposição das pessoas a recomendá-la a um amigo. Para tanto, usamos o Net Promoter Score* do trabalhador. Aos participantes, perguntamos: "Em uma escala de 0 a 10, você recomendaria a empresa como um lugar para trabalhar a um amigo próximo?". Nesse caso, 10 significa provavelmente sim e 0 provavelmente não. Seguindo a terminologia do Net Promoter System, classificamos os que deram 9 ou 10 como promotores e os que deram 6 ou menos como detratores. A pontuação no Net Promoter Score do trabalhador é a diferença entre o percentual de promotores e o percentual de detratores. Usando esse índice, empresas com culturas fortes tiraram mais de 74% em nossa escala; já as com culturas fracas tiveram menos de 62%.

---

* Net Promoter Score® é uma marca registrada de Bain & Company, Fred Reichheld e Satmetrix Systems, Inc.

Uma sondagem similar da Futurestep, uma divisão da Korn Ferry, revelou que quase dois terços de mil executivos ouvidos acreditavam que a reputação cultural é a vantagem mais importante para uma organização global na hora de contratar.[2] Uma cultura forte, assim como o engajamento profundo e a inspiração, basicamente serve para reconquistar, diariamente, o pessoal que faz diferença; isso significa que a empresa não precisa estar constantemente distribuindo incentivos especiais para segurar esses indivíduos. No nosso índice de produtividade, o papel da cultura é ajudar a concentrar a energia organizacional nos comportamentos de alto rendimento mais críticos para sua estratégia.

Tanto já se falou da cultura que muitos dos executivos com quem conversamos estão meio cansados do assunto. "Não somos uma Southwest Airlines", nos dizem, em um tom meio exasperado. "Não somos o Google, não somos a start-up da vez. Somos uma empresa centenária em um setor comum, trabalhando de uma forma que, em décadas, não mudou muito. O que significa refazer nossa cultura?" É uma pergunta importante, que tentaremos responder neste capítulo. Vamos desmembrar os componentes da cultura. Vamos analisar em certo detalhe empresas comuns que *conseguiram* reformular e regenerar uma cultura vencedora e as três principais medidas que tomaram para tal. Nossa esperança é que você, leitor, veja a cultura como a pedra angular no arco que estamos propondo – e que o arco não desmorone por não contar com essa chave fundamental. Por todos esses motivos, a cultura deve estar no alto da agenda do CEO.

PILARES DA CULTURA

Naturalmente, "colocar a cultura na agenda" é fácil no papel e difícil na prática. A cultura é um amálgama complexo de elementos sociais. Engloba todas as forças intangíveis que influenciam o que as pessoas fazem e no que acreditam, como agem e interagem. Em uma descrição bem famosa, é o que dita como alguém se comporta quando ninguém está olhando. A cultura pode estar refletida em listas de valores ou em declarações de missão, mas não é por elas definida. Tampouco é o mesmo que a estratégia ou o modelo operacional. A estratégia concentra as pessoas em resultados específicos e nas atividades necessárias para produzir esses resultados. Um modelo operacional cria o ambiente no qual o trabalho é feito; facilita (ou obstrui) a realização individual e coletiva. Já a cultura infunde ambos com os elementos humanos, que são crenças, propósitos e valores. Direciona a energia de todos e determina como agem e interagem – individual e coletivamente – para produzir os resultados desejados.

A cultura é moldada tanto por aquilo que chamamos de bússola interna quanto pelo ambiente organizacional (a Figura 7-1 traz uma representação visual disso). A bússola interna inclui um propósito relevante, valores vencedores e crenças reforçadoras. Em culturas fortes, o ambiente organizacional reforça a bússola interna. O ambiente organizacional é um conceito deliberadamente amplo: inclui tudo o que líderes fazem para dar o exemplo de comportamentos a espelhar, um sistema de reforço baseado em consequências para premiar esses comportamentos e um modelo operacional e um sistema de talentos que identifiquem, cultivem e promovam as pessoas certas e permitam que façam o que é preciso fazer. Passemos, agora, a um exame mais detido de cada um desses elementos.

Propósito. Uma cultura vencedora começa com um propósito relevante que a empresa possa traduzir em papéis e missões individuais. Esse propósito tem o maior impacto quando definido em termos de uma missão ambiciosa, seja social, seja voltada ao cliente. Alguns de nossos favoritos:

FIGURA 7-1

Anatomia de uma cultura vencedora

Um sistema de propósito, valores, crenças e comportamentos que todos compartilham e que promovem alto engajamento e alto rendimento.

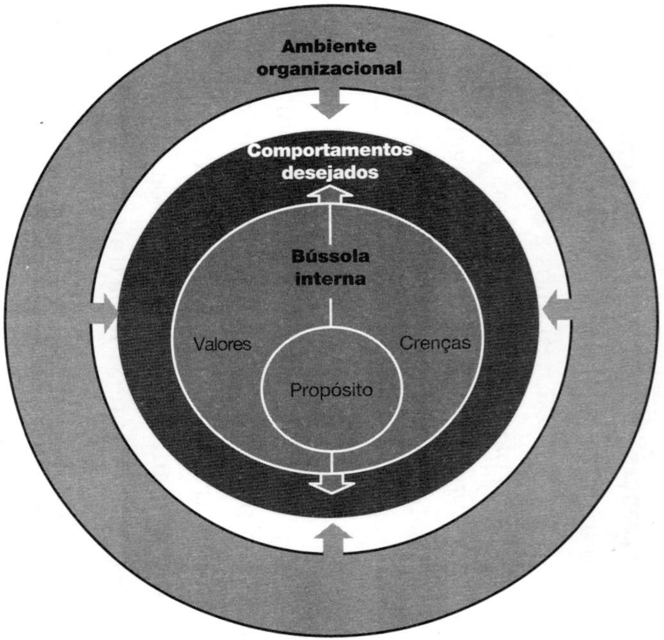

- **Bússola interna:** fatores inegociáveis que norteiam comportamentos e decisões
  - Propósito relevante: um cliente compartilhado ou uma finalidade de relevância social que os funcionários consideram importante e que é motivo de orgulho para todos
  - Valores vencedores: atributos centrais que são a marca de organizações vencedoras
    ▸ Responsabilidade, colaboração, agilidade, inovação, ambição, integridade, ênfase nas pessoas
  - Crenças reforçadoras: específicas da empresa, baseadas no contexto do setor, em escolhas estratégicas e na história da empresa

- **Comportamentos desejados:** comportamentos diários que conectam propósito, valores e crenças

- **Ambiente organizacional:** modelo operacional, sistemas de talentos, recompensas e consequências, além de atos da liderança que influenciam maneiras de trabalhar e comportamentos

Fonte: Bain & Company

- *Starbucks*: "Inspirar e nutrir o espírito humano – uma pessoa, uma xícara de café e uma comunidade de cada vez".

- *Mahindra*: "Vamos questionar velhas verdades e usar de modo inovador todos os recursos a nosso dispor para promover mudanças positivas na vida de nossos stakeholders e comunidades em todo o mundo, para permitir que cresçam".

- *Facebook*: "Dar às pessoas o poder de compartilhar e tornar o mundo mais aberto e conectado".

- *Ikea*: "Nossa visão é criar um vida cotidiana melhor para as pessoas de modo geral. Nosso modelo de negócio sustenta essa visão ao oferecer uma vasta gama de produtos bonitos e funcionais a um preço que caiba no bolso do maior número possível de gente".

Valores e crenças. O propósito de uma empresa repousa sobre um conjunto de valores e em crenças que refletem esses valores. Em outro estudo de 2013, testamos a importância de cerca de 20 valores distintos para a criação de uma cultura vencedora. Sete se destacaram: *inovação*, incluindo a coragem de assumir riscos calculados e saber aprender com erros; *ambição*, que é buscar abertamente – e assumir – missões ousadas; *alta integridade*, com honestidade na comunicação e obediência aos mais elevados padrões éticos; *accountability*, com um viés para o que é melhor para a empresa, não para o indivíduo; *colaboração*, expressa na confiança mútua e no trabalho em equipe; *agilidade*, que é esperar e se antecipar a mudanças; e *ênfase em pessoas*, um foco na formação de relações humanas que vincula trabalhadores à missão da empresa por meio de um ambiente de trabalho gratificante e engajador, conecta a diretoria à linha de frente para engajar e inspirar e une ambos aos clientes e à comunidade para reforçar o propósito da empresa. Esses valores, descobrimos, estão universalmente presentes em toda cultura vencedora.

Crenças reforçadoras têm papel igualmente importante na promoção de comportamentos de alto rendimento. Diferentemente dos valores, que são universais, crenças são uma expressão singular da identidade e das prioridades da empresa e surgem de coisas como sua história, local de origem, seu contexto social ou a marca do fundador. Juntos, o propósito da empresa, os sete valores universais e as crenças reforçadoras conformam o sistema de crenças da organização – seu norte, por assim dizer. Mas o sistema de crenças por si só não basta para criar uma cultura vencedora – precisa ser convertido em uma série de comportamentos específicos à empresa. É aí que a cultura ganha vida, e onde traz força à organização.

Comportamentos. O comportamento é a hora da verdade. Muitas empresas têm práticas de negócios e formas de trabalhar em descompasso com seu propósito e seus valores manifestos. Nelas, forças culturais agem como os anticorpos que citamos anteriormente, rejeitando qualquer tentativa de mudança. Outras empresas trabalham de um jeito que dá vida a seu propósito e a seus valores diariamente. Nelas, o efeito é o oposto: forças culturais inibem comportamentos que contradigam seu propósito e seus valores. Comportamentos ganham vida e são reforçados tanto em grandes momentos – horas da verdade, simbolicamente falando, quando seus líderes tomam decisões importantes sob o olhar atento de todos – como nas pequenas e mais rotineiras horas da verdade que caracterizam decisões e interações diárias.

Como mostramos no capítulo anterior, os líderes mais eficazes atingem dois objetivos: melhoram o desempenho e inspiram os outros. Uma cultura forte tem efeito parecido, pois aumenta tanto o rendimento como o engajamento. Empresas que envolvem os funcionários tanto no plano racional como no emocional liberam sua motivação intrínseca e sua energia discricionária, produzindo agilidade, velocidade e rendimento. Culturas de alto rendimento atraem indivíduos que querem fazer diferença. Um ambiente repleto de gente comprometida, como um time com jogadores determinados a vencer, é algo inspirador e engajador.

Muitas empresas tentam promover uma transformação cultural sempre que reinventam o modelo de negócios. Algumas fazem de tudo para incutir uma mentalidade de alto rendimento. Outras buscam criar engajamento melhorando o ambiente de trabalho e a proposta de valor aos colaboradores. Em geral, essas duas iniciativas acabam avançando separadamente. Uma empresa pode, por exemplo, buscar reforçar a prestação de contas (a *accountability*) na tentativa de fortalecer a mentalidade de alto rendimento. Pode traduzir as metas da empresa em objetivos individuais e estipular métricas e incentivos específicos baseados em resultados. Pode, até, instalar um novo *dashboard* de gestão e um processo correlato de avaliação mensal das operações para medir esses indicadores de desempenho. Tudo isso pode ser muito bom, mas se concomitantemente a empresa não der autonomia a equipes e indivíduos para que atinjam seus objetivos, o desfecho pode ser a microgestão e a micromensuração de resultados – o que acaba destruindo o engajamento e a prestação de contas que se buscava criar. Para dar certo, a renovação cultural precisa abordar os dois componentes simultaneamente, sintonizando as intervenções no rendimento e no engajamento para que uma reforce – e não contradiga – a outra.

Vejamos um exemplo capaz de transpor para a realidade essa discussão bastante abstrata da cultura.

REINSTITUINDO UMA CULTURA DE ALTO RENDIMENTO: O CASO DA AB INBEV

No começo do capítulo, prometemos que iríamos falar de empresas comuns – de líderes estabelecidas desde muito – e não só de novatas que estão virando a mesa e de empresas notórias por sua cultura. Isso porque acreditamos que uma empresa estabelecida pode, sim, ser dinâmica, ter um alto rendimento e engajar as pessoas – tanto quanto uma *upstart* tocada pelos fundadores. Se o leitor duvida, vejamos a história da empresa hoje conhecida como Anheuser-Busch InBev (AB InBev).

A origem da AB InBev remonta a uma fabricante de cerveja brasileira, originalmente conhecida como Companhia Cervejaria Brahma, comprada pelos fundadores da 3G Capital no final da década de 1980 por cerca de US$ 60 milhões. Essa empresa teve sucesso e foi crescendo no Brasil e na América do Sul até dar origem – após a fusão com a rival Antarctica em 1999 – à AmBev. Na esteira, a AmBev se fundiu com a cervejaria belga Interbrew – e a empresa fruto da união posteriormente comprou a Anheuser-Busch, àquela altura a maior fabricante de cerveja dos Estados Unidos. Em 2016, a combinação da AB InBev e da SAB Miller uniu dois dos cinco maiores players do setor no mundo.

Fabricar cerveja é uma atividade antiga. É um setor maduro – e muitas das empresas que compõem a AB InBev foram fundadas séculos atrás. Nossos colegas Chris Zook e James Allen discorreram longamente sobre a ação estimulante da "mentalidade do fundador" em empresas excepcionais – e sobre como essa mentalidade pode servir como um manual do proprietário para ajudar a revigorar empresas que perderam a energia empreendedora.[3] De certo modo, a AB InBev teve dois fundadores distintos: primeiro, os fundadores originais e, depois, os novos fundadores, que compraram essas empresas. Na maioria dos casos, o espírito dos fundadores originais há muito se perdera. Os novos fundadores, contudo, incutiram uma cultura de alto rendimento e de responsabilidade pelo negócio nas grandes empresas que compraram. No processo, criaram uma companhia que inspira seus funcionários a produzir resultados incríveis.[4]

Segundo a AB InBev, seu modelo é fundado em três componentes: sonho, gente e cultura.

Sonhar grande e ter meta ambiciosa. Na AB InBev, essa meta ambiciosa é chamada de "sonho". Como costuma dizer o CEO, Carlos Brito, "sonhar grande e sonhar pequeno dá o mesmo trabalho, então por que não sonhar grande?". A AB InBev diz que seu sonho é ser a melhor fabricante de cerveja, "unindo as pessoas por um mundo melhor". Ser a melhor significa que ninguém ali dentro pode se acomodar. A AB InBev normalmente lança uma meta, faz progressos nesse sentido e, em seguida, já traça outra – o que no vocabulário da empresa é conhecido como "abrir e fechar lacunas". Esse processo é aplicado em todos os níveis da organização.

Simplificar o modelo operacional. É aqui que entra o componente 'gente'. Quando o 3G ou a AB InBev compram uma empresa, uma das primeiras medidas é examinar a estrutura organizacional e o modelo operacional da sociedade adquirida – e eliminar imediatamente funções duplicadas e qualquer ambiguidade na distribuição de responsabilidades. A AB InBev busca criar uma organização com um máximo de cinco níveis hierárquicos e amplitudes de controle fixas, ditadas por um plano claro. Esse considerável achatamento da organização reduz a distância entre a equipe de liderança e a linha de frente. Ajuda a empresa a gastar sabiamente seus fundos e reforça uma cultura na qual todo mundo "faz" – em vez de supervisionar. A AB InBev tem um perfil de liderança – uma assinatura comportamental – que indica o tipo de gente que a empresa busca: gente empenhada em fazer diferença, frugal, que nunca se dá por satisfeita, focado em resultados, que trabalha duro, é movida a dados, profundamente conectada à linha de frente e ao cliente e com um conhecimento profundo e pragmático de sua área de negócios ou disciplina.

Incorporar valores de "dono" a formas de trabalhar. A Figura 7-2 traz os dez princípios na base do modelo da AB InBev; dos dez, sete são ligados à cultura. Assim como em nosso modelo de cultura vencedora – comportamentos regidos por valores universais e crenças peculiares à empresa –, os princípios da AB InBev também são uma mescla. Alguns são valores universais, como *accountability* (número 6) e integridade (número 10). Outros expressam crenças muito específicas e profundamente enraizadas na empresa, como a aversão à complexidade e a custos desnecessários manifestada nos princípios 7 e 8. Muita gente que trabalha na AB InBev faz questão de frisar que nada disso é conversa fiada; esses princípios regem tudo o que a empresa faz e estão profundamente incorporados a seu *modus operandi*. Vejamos alguns exemplos.

OS DEZ PRINCÍPIOS DA AB INBEV

SONHO

1. Nosso sonho nos inspira a trabalhar juntos para sermos a *Melhor Empresa de Bebidas do Mundo, Unindo as Pessoas por um Mundo Melhor*.

GENTE

2. *Pessoas excelentes*, livres para crescer no ritmo de seu talento e *recompensadas* adequadamente são nosso ativo mais valioso.

3. Selecionamos, desenvolvemos e retemos gente que possa ser *melhor* do que nós. Seremos avaliados pela *qualidade* de nossas equipes.

CULTURA

4. *Nunca estamos plenamente satisfeitos* com nossos resultados, que são o motor da empresa. Foco e a recusa a se *acomodar* à situação atual garantem vantagem competitiva duradoura.

5. O consumidor é o *Chefe*. Nos conectamos com nossos consumidores oferecendo experiências que têm um impacto significativo em suas vidas, sempre de forma responsável.

6. Somos todos *donos* da empresa. E um dono assume a responsabilidade pelos resultados pessoalmente.

7. Acreditamos que *bom senso* e *simplicidade* são melhores guias que complexidade e sofisticação desnecessárias.

8. Gerenciamos nossos custos rigorosamente, a fim de liberar recursos que ajudarão a *aumentar o faturamento* de maneira sustentável e rentável.

9. Liderar pelo exemplo pessoal está na base de nossa cultura. *Fazemos o que dizemos*.

10. *Nunca pegamos atalhos. Integridade, trabalho duro, qualidade e responsabilidade* são essenciais para o crescimento da empresa.

Fonte: "10 Principles", AB InBev, http://www.ab-inbev.com/about/dream-people-culture.html.

Quando da fusão da InBev com a Anheuser-Busch, em 2008, a sede da Anheuser ocupava um prédio grande, de poucos andares, em St. Louis, no Missouri. No último piso ficava a sala do CEO e de um punhado de seus braços-direitos. O lugar tinha uma decoração elegante, com pinturas da virada do século passado e um imponente espaço para reuniões. Eram quatro salas enormes, todas de esquina e com banheiro privativo, cercadas de mesas para as secretárias dos executivos.

Crie uma cultura vencedora

Já que a cultura da AB InBev preza pela abertura e abomina o aparato da hierarquia, uma das primeiras medidas tomadas pela empresa foi reformar totalmente o último andar para deixar a planta livre. Isso tudo foi em 2008, no auge da crise financeira, quando a InBev acabara de pagar US$ 52 bilhões pela Anheuser-Busch e de contrair bilhões de dólares em dívida para fechar o acordo. Mesmo com o orçamento apertado, a importância simbólica e cultural de abrir o espaço valia muito mais do que a modesta verba exigida para a reforma. E não foi o único exemplo de uma ação rápida para voltar a incutir a cabeça de dono na empresa. A Anheuser-Busch tinha, por exemplo, uma pequena frota de aviões e mais de dez pilotos na folha. Foi fácil a decisão de vender os aviões e desligar os pilotos.

Ainda que esses gestos simbólicos tenham passado um forte recado aos funcionários sobre os valores da AB InBev, as mudanças de maior impacto envolveram a adoção de um novo estilo de trabalho. O "uniforme" formal da Anheuser-Busch foi abolido; no lugar, entrou a calça jeans ("Se nossos clientes não usam terno e gravata, por que deveríamos usar?", questiona Brito). Brito e a equipe de liderança da empresa dividem uma grande mesa, o que reduz as barreiras para conversas informais, cara a cara – e para tomada de decisões. Como observamos lá atrás, as pessoas têm fácil acesso aos dados de que precisam para decidir; a cultura incentiva a comunicação cara a cara e reuniões estruturadas para a discussão – e não para apresentações.

A ideia de gastar cada centavo da empresa como se fosse seu vira realidade nas rotinas e nos rituais que cercam o comentadíssimo processo de orçamento base zero (OBZ) da AB InBev. Um sistema de ponta de gestão de custos dá uma visão altamente detalhada de custos e suas origens. De posse dessa informação e com as metas ambiciosas da AB InBev, gestores esmiúçam os dados para descobrir como fazer mais com menos. O fato, contudo, é que a força desse processo repousa só em parte nas ferramentas usadas; muitas empresas que tentam adotar o OBZ têm dificuldade para conseguir mesmo metade desses benefícios. Há pouco, outra empresa de bens de consumo embalados anunciou que também iria usar o OBZ; cético, um analista examinou as metas e brincou que a coisa tinha mais cara de "1G". As razões são culturais: a maioria das empresas não tem estômago para a ruptura que isso exige, nem um sonho ambicioso e a mentalidade do "abrir e fechar lacunas". Tampouco adotam as rotinas e os rituais diários, semanais e mensais que trazem disciplina à gestão de custos ou atrelam suas metas de custo a um sistema objetivo de gestão de desempenho e de incentivos.

INTERVENÇÕES PARA REATIVAR UMA CULTURA DE ALTO RENDIMENTO

A AB InBev naturalmente não foi a única a transformar a cultura de uma empresa engessada. Alan Mulally reformulou a cultura da Ford Motor Company e deu uma incrível guinada na montadora. Peter Coleman promoveu a revitalização da Woodside, a empresa australiana de petróleo e gás. Howard Schultz voltou à Starbucks, empresa que havia fundado, e ressuscitou a cultura da companhia, um verdadeiro ícone. Ao examinar com atenção cada experiência dessas, vemos que todas envolvem os três tipos de intervenção apresentados na Figura 7-3. Os novos líderes elevam a ambição estratégica da empresa e reorientam seu propósito em torno de uma missão ousada – social ou com foco no cliente. Reincutem a "cabeça de dono" e a busca do alto rendimento por meio de "rupturas construtivas" em momentos decisivos (tanto simbólicos como rotineiros), reforçando os comportamentos que desejam promover com sistemas de feedback e de gestão do desempenho com base em consequências ("consequence-based"). Além disso, reconfiguram o modelo operacional da empresa, especialmente seu *modus operandi*, para incorporar a mudança, renovando ao mesmo tempo os sistemas de gestão de talentos para atrair fazedores de diferença e engajar a força de trabalho.

Crie uma cultura vencedora

FIGURA 7-2
Três intervenções para ativar uma cultura de alto rendimento

Elevar a ambição e recentralizar o propósito

Eleve a ambição para exigir mais da organização e engajar todos. Reenergize e recentralize seu propósito ao vincular o papel de cada indivíduo à missão da empresa em relação a seus clientes.

Prova dos nove: é possível ver o propósito de sua empresa ganhar vida diariamente nos atos de seus funcionários?

Reincutir a cabeça de dono

Inibir comportamentos e rotinas que enfraqueçam a cultura. Isso requer líderes que deem o exemplo de conduta em momentos cruciais – horas da verdade – e um sólido sistema de reforço baseado em consequências.

Prova dos nove: a cultura que você criou é de locatários ou de proprietários?

Reformular modo de trabalhar e plano de talentos

Tendo "descongelado" a organização, é hora de incorporar os comportamentos de alto rendimento ao modelo operacional, a formas melhores de trabalhar e a sistemas de gestão de talentos.

Prova dos nove: os comportamentos que você está incentivando e incorporando fortalecem ou enfraquecem a cultura?

Fonte: Bain & Company

Intervenção 1: elevar a ambição estratégica e recentralizar o propósito da empresa. No estudo de transformações culturais feito pela Bain em 2013, participantes disseram que a medida mais importante que uma empresa pode tomar para galvanizar a mudança é estipular uma meta ambiciosa e uma visão convincente. Isso significa definir propósito, valores e comportamentos que determinem o modo como as pessoas trabalham e contextualize a missão de indivíduos e equipes. O processo, que normalmente parte com a alta equipe de liderança, também requer um plano cuidadoso para engajar e alistar o restante da organização.

Foi, basicamente, o que Kent Thiry teve de fazer ao assumir as rédeas da DaVita, a provedora de serviços de diálise que citamos no prólogo. À época – em 1999 –, a empresa se chamava Total Renal Care. Tinha crescido depressa na década anterior, o que incluiu comprar por mais de US$ 1 bilhão a Renal Treatment Centers, mas agora estava em sérios apuros. A empresa tinha "460 centros [de tratamento] operando de 460 maneiras distintas", segundo um analista. Os resultados, para o paciente, eram ruins na comparação com a norma do setor, e a rotatividade era alta. Os acionistas tinham movido uma ação na Justiça contra a empresa; o governo investigava suas práticas e a empresa vinha dando um prejuízo de mais de US$ 60 milhões ao ano. "A Total Renal Care era um desastre", escreveu um analista do Bank of America. "Tudo o que faziam era comprar coisas em vez de se concentrar em tocar a empresa."

Thiry e a equipe de gestão, em sua maioria nova, tomaram medidas rápidas para estabilizar a empresa, o que incluiu cuidar da ação judicial, do inquérito e dos repetidos prejuízos. Na esteira, o executivo iniciou a virada cultural. Levou 700 líderes a Phoenix para falar da missão e dos valores da empresa. Envolveu a força de trabalho inteira em um exercício que levou sete meses e culminou no novo nome da empresa (DaVita é uma adaptação do italiano "dar vida"). Elevou totalmente a ambição estratégica da empresa e redefiniu seu propósito. "Nossa visão para a DaVita era ser mais do que apenas uma empresa de diálise", escreveu. "Era ser uma comunidade que calha de ser organizada como uma empresa. A DaVita faz diálise, mas seu negócio não é esse. O negócio da DaVita é a vida (...). Quando conseguimos criar um ambiente de trabalho especial para nossos colegas, eles, por sua vez, criam um ambiente clínico e de atenção especial para o paciente e sua família." Com o tempo, Thiry liderou a criação de uma empresa inspiradora em seu compromisso com o paciente, transparente e altamente democrática em suas operações e um ímã para gente talentosa que quer trabalhar com saúde. A retenção de funcionários melhorou drasticamente. Os resultados de pacientes são consideravelmente melhores do que antes e superiores aos da concorrência. Além disso, desde a chegada de Thiry a empresa criou bilhões de dólares em valor para o acionista.

Intervenção 2: reincutir a cabeça de dono. Depois de definir ou redefinir propósito, valores e comportamentos desejados, é hora de identificar as mudanças comportamentais mais importantes – poucas, frise-se – e se concentrar em inculcá-las. Isso em geral requer uma ruptura deliberada e construtiva de hábitos arraigados e rotinas que enfraquecem a cultura, e normalmente envolve duas grandes iniciativas: identificar ações da liderança e gatilhos que precedem a conduta desejada e formular um conjunto robusto de consequências (positivas e negativas) para enviar sinais de reforço ou correção. Aqui, os líderes de maior sucesso se concentram em horas da verdade – ocasiões em que um trabalhador precisa tomar uma decisão crucial sobre como se comportar – e buscam mudar apenas um ou dois dos elementos mais importantes. O breve relato de três episódios ajudará a ilustrar nossa tese.

- Quando virou presidente da Alcoa, em 1987, Paul O'Neill sabia que precisava focar a empresa na questão da segurança no local de trabalho. Para mostrar seu compromisso com a meta, exigiu ser notificado de todo incidente de segurança no prazo de 24 horas. A segurança na Alcoa melhorou drasticamente, com a taxa de lesões no local de trabalho caindo para 25% da média dos Estados Unidos.

- Quando voltou à Starbucks como CEO após um hiato de quase oito anos, Howard Schultz percebeu que a experiência singular que a rede oferecia, focada no cliente, tinha perdido protagonismo. A ênfase agora estava na automação e na diversificação, ambas parte de uma tentativa de aumentar o giro nas lojas e o crescimento. Schultz tomou medidas rápidas para mudar o rumo da empresa; chegou a fechar as portas de 7.100 cafés nos Estados Unidos durante três horas em 26 de fevereiro de 2008 para retreinar baristas na arte de preparar um expresso. Nesse lance altamente simbólico, não deixou dúvidas sobre suas intenções – e sobre o que julgava ser necessário para fazer a Starbucks voltar aos dias de glória.

- Em 2006, quando chegou à Ford para ajudar a recuperar a montadora, Alan Mulally tomou medidas ousadas para mudar o modo como a empresa operava. Em uma ocasião muito visível, Mulally aplaudiu Mark Fields (que mais tarde viraria seu sucessor) por admitir um erro em uma reunião da diretoria. Era algo bastante inédito na Ford e deu o tom para a comunicação aberta e honesta indispensável para uma nova cultura na empresa.

A mudança cultural normalmente envolve uma mudança no comando, como nesses três episódios. Muitos investidores ativistas acreditam que a melhor maneira de liderar uma mudança é mudar a liderança. Além disso, dificilmente as pessoas vão aderir a um programa de renovação cultural se acharem que a organização acabará voltando aos hábitos nocivos da cultura antiga porque nada mudou no topo da organização. Nossa experiência mostra que é possível promover uma transformação cultural sem uma troca completa da liderança, embora isso exija um esforço mais sustentado.

Independentemente de haver ou não uma troca de liderança, uma organização interessada em mudar precisa avaliar rotinas e comportamentos que fortalecem e enfraquecem a cultura. Iniciativas genéricas e difusas estão fadadas ao fracasso. Vejamos de novo os sete valores universais descritos como parte de uma cultura de alto desempenho – e as medidas específicas que uma empresa pode tomar em momentos decisivos para fortalecê-los ou enfraquecê-los (veja a Tabela 7-1).

Uma ideia formidável para redespertar o espírito empreendedor e a energia de uma empresa madura surgiu da pesquisa que nossos colegas Chris Zook e James Allen fizeram para o livro *A mentalidade do fundador*. Os dois rotularam a ideia de "microbatalha". Uma microbatalha é uma arena competitiva bem definida, normalmente na interseção de um segmento específico de clientes em uma região geográfica específica e envolvendo um conjunto específico de concorrentes. Essas batalhas estão no cerne do modelo replicável de geração de valor da empresa; sair vitorioso delas é fundamental para defender o *core* da empresa e abrir novas áreas de atuação. A grande graça dessa ideia não está em identificar microbatalhas, mas em travá-las: em geral, a empresa destaca várias equipes empreendedoras e interdisciplinares para executar missões em uma série de campanhas rápidas, focadas, com começo, meio e fim ("closed-loop"). Essas iniciativas elevam a frequência cardíaca da empresa e fazem o sangue da organização circular. Além disso, podem cultivar empreendedores internos que atuam como catalisadores para ajudar a empresa a redespertar sua missão insurgente.

TABELA 7-1

Sete valores universais

	Fortalece cultura	Enfraquece cultura
Inovação	• Reconhecer e aplaudir o risco assumido de forma calculada, com base em dados, mesmo que o resultado não seja o esperado. • Abrir espaços e reservar tempo para a exploração de ideias com liberdade.	• Demitir alguém por resultados ruins decorrentes de um risco assumido de forma calculada. • Restringir recursos e tempo de tal maneira que ninguém tenha condições de pensar com ousadia e olhar para o futuro.
Ambição	• Definir metas ambiciosas sem ter 100% de certeza de que poderão ser atingidas.	• Estipular metas atingíveis em planos anuais e em contratos de desempenho para garantir o pagamento de bônus e, com isso, evitar desmotivar funcionários.
Alta integridade	• 100% de adesão a padrões éticos estabelecidos. • Expor e debater ideias em fóruns públicos com total acompanhamento por todos os participantes, inclusive aqueles com opiniões divergentes, uma vez que a decisão tenha sido tomada.	• Fazer vista grossa a pequenos deslizes éticos ou manter gente que, embora de alto rendimento, viola normas culturais. • Permitir o veto informal de planos por executivos ou a desobediência passiva.
Accountability	• Forte compromisso de instituir combinação certa de autonomia e prestação de contas. • Criar modelo operacional e formas de trabalhar que garantam agilidade, mas não sejam ambíguos no tocante a responsabilidades. • Compromisso com um sistema de reconhecimento e recompensas que premie resultados, não promessas ou intenções.	• Adotar práticas de gestão excessivamente prescritivas, com mensuração demais e microgestão. • Deixar o modelo com responsabilidades vagas demais e esperar que o trabalho em equipe e a colaboração resolvam tudo sozinhos. • Sistemas de reconhecimento e recompensa igualitários.

Colaboração	• Dar poder a equipes de indivíduos de alto rendimento. • Valorizar diversidade e conflitos construtivos para garantir que melhores ideias venham à tona e sejam plenamente consideradas. • Foco externo, com influência adquirida por meio de parcerias e colaborações. • Projetar estruturas, processos e fóruns de modo a gerar um grau aceitável de conflitos construtivos, criando ao mesmo tempo formas de trabalhar para resolver rapidamente esses conflitos.	• Dar poder a gerentes e hierarquias. • Permitir que quem fale mais alto ou ocupe um posto mais elevado domine as discussões. Não criar métodos para resolver conflitos de forma rápida e construtiva. • Foco interno, com influência conquistada pelo domínio do jogo político interno. • Dar mais valor ao consenso do que ao conflito construtivo.
Agilidade	• Eliminar sistematicamente fatores de complexidade estratégica, organizacional e de processos que prejudiquem a prestação de contas e a agilidade. • Investir para fazer da mudança uma competência central e entender que só há mudança com liderança, patrocínio e esforço. • Adotar princípios e formas de trabalhar ágeis e saber quando utilizar rotinas replicáveis ou formas de trabalhar inovadoras.	• Permitir que complexidade e burocracia perpetuem formas de trabalhar que subtraem tempo, talento e energia da organização. • Esperar que a mudança aconteça uma vez que decisões sejam tomadas e planos traçados. • Esperar que diretrizes, normas, heurísticas e regras pautem atos e comportamentos de indivíduos.
Ênfase nas pessoas	• Criar um modelo operacional e um sistema de talentos que deem ênfase ao alto rendimento e ao engajamento e que se reforcem mutuamente. • Ancorar o propósito da empresa em uma missão inspiradora centrada no cliente.	• Criar um ambiente de trabalho que sacrifique o desempenho em prol do engajamento ou o engajamento em prol do desempenho. • Criar um propósito que não tenha credibilidade e que esteja distante demais daquilo que o funcionário faz no dia a dia.

Intervenção 3: reformular modo de trabalhar e plano de talentos. Não basta subverter rotinas normais. Como diz a máxima, uma organização não muda, quem muda são as pessoas. Em outras palavras, as pessoas precisam mudar o modo de agir – e alterar comportamentos requer muito esforço. A maioria de nós tem dificuldade até para mudar o próprio comportamento e sustentar a mudança (é só ver como as academias de ginástica estão lotadas de gente no começo de janeiro e vazias no final de fevereiro). Uma organização que pede aos colaboradores que mudem vai enfrentar os mesmos obstáculos e terá de martelar a mensagem vez após vez.

Trabalhar sistematicamente cada elemento do modelo operacional e do sistema de talentos da empresa para reforçar atributos que fortaleçam a cultura e eliminar atributos que a debilitem é uma tremenda maneira de garantir que as medidas por você tomadas realmente produzam engajamento e inspiração.

É provável que sua lista de ações inclua medidas de alto impacto como as seguintes:

- *Não deixe a matriz ocultar responsabilidades.* Certifique-se de que toda meta do negócio seja de responsabilidade de um indivíduo ou equipe com recursos, *accountability* e autoridade para produzir o resultado pretendido.

- *Reduza a distância entre a diretoria e a linha da frente.* O segredo aqui é uma drástica eliminação de camadas, o que empodera todos na cadeia de comando para assumir mais responsabilidades.

- *Derrube paredes.* Mude o ambiente físico da empresa para criar espaços de trabalho mais intimistas. Reduza barreiras à colaboração; crie um elo mais direto entre a alta diretoria e o resto da organização.

- *Fique cara a cara quando necessário.* Um excesso de trabalho remoto ou de reuniões virtuais leva à perda de conectividade e ao enfraquecimento da cultura ao longo do tempo.

- *Faça discussões, não apresentações.* Pare um minuto e examine a última apresentação em PowerPoint que chegou a você. Qual a versão? Em geral, as apresentações vão sendo numeradas para haver um controle da versão (e nosso palpite é que já está em dois dígitos). Quantos milhares de horas-pessoa foram gastas para montar essa apresentação? Valeu o esforço? Uma conversa com gente informada e em contato com o cliente na linha de frente em geral vale mais do que mil slides de PowerPoint.

- *Responder "não sei" é permitido.* Em certas empresas, o maior pecado que um gerente pode cometer é não saber a resposta à pergunta de um chefe. Logo, todo mundo naturalmente se prepara demais para toda reunião, jogando fora milhares de horas tentando prever perguntas que nunca são feitas.

- *Valorize a prática de assumir riscos calculados,* desde que a empresa aprenda com a experiência. Aprenda os princípios da boa gestão de riscos com o livro *Superprevisões*.[5] Use dados e lógica, em vez de emoção e intuição. Determine em que momento você e outros indivíduos chegaram à conclusão certa ou errada. Pense em termos de probabilidade e submeta toda hipótese a um teste rigoroso. Quando possível, use métodos de teste e aprendizado para eliminar incógnitas e reduzir a incerteza.

- *Modifique seus sistemas de talentos* para encontrar, desenvolver e promover gente que exiba – e inspire – esse tipo de comportamento. É como diz a famosa cartilha de RH do

Netflix: "Os verdadeiros valores de uma empresa são revelados por quem ela recompensa, promove ou demite". Definir a assinatura comportamental desejada (ver capítulo 4) é parte fundamental desse sistema.

● ● ●

Ao longo do livro, sustentamos que a organização deve promover mudanças tanto de âmbito geral, na empresa toda, quanto individual. O indivíduo influencia a organização e a organização influencia o indivíduo – o que vale especialmente para a cultura. A cultura nasce do comportamento agregado de indivíduos, mas esse comportamento é fortemente influenciado pelo propósito, pelos valores, pelas crenças e pelo modo habitual de trabalhar da empresa. Tudo o que foi sugerido neste capítulo para criar uma cultura de alto rendimento e de alto engajamento exige muita interpretação e adaptação às circunstâncias e à estratégia particulares de cada empresa. Além disso, é preciso adaptar essas sugestões à mescla de indivíduos que compõem sua organização.

Mas a necessidade de adaptação não deve ocultar a mensagem fundamental: é bem provável que a cabeça de dono e a sede de engajamento estejam abafadas por toda a burocracia e a hierarquia de sua organização. A empresa que criar uma cultura capaz de despertar essa mentalidade e saciar essa sede vai ser mil vezes recompensada com a energia discricionária e o entusiasmo que isso pode liberar.

TRÊS MANEIRAS DE CRIAR OU RECUPERAR UMA CULTURA VENCEDORA

1. *Elevar a ambição estratégica e recentralizar a meta da empresa* para uma missão focada no cliente ou no social. A pergunta a se fazer, aqui, é se é possível enxergar o propósito da empresa nos atos cotidianos de seus funcionários.

2. *Redespertar a cabeça de dono e o viés do alto rendimento* com "rupturas construtivas" em momentos decisivos – sejam simbólicos, sejam de rotina. Reforçar os comportamentos desejados com sistemas de feedback e de gestão do desempenho baseados em consequências.

3. *Reconfigurar o modelo operacional da empresa, com especial atenção às formas de trabalhar e a sistemas de talentos, para incorporar a mudança.* Renovar a estratégia de aquisição de talentos, a assinatura comportamental da liderança e sistemas de gestão de talentos para atrair gente que faz diferença. Aqui, a pergunta é se a empresa está incentivando condutas que fortalecem ou debilitam sua cultura.

EPÍLOGO

O CÍRCULO VIRTUOSO

É BEM POSSÍVEL que o poder produtivo de uma organização seja seu ativo estratégico mais importante. Peguemos apenas três dos desafios que uma empresa de grande porte enfrenta hoje em dia. Juntos, esses desafios são uma espécie de tempestade perfeita para equipes de gestão em busca de crescimento sustentável. E não podem ser satisfatoriamente enfrentados sem uma organização altamente produtiva.

Um desafio, obviamente, é o ciclo econômico. Como não temos bola de cristal, não podemos prever em que fase do ciclo o mundo estará quando você, leitor, estiver lendo essas linhas. Um executivo, no entanto, sempre irá enfrentar a possibilidade – ou a realidade – de uma crise. Segundo dados do National Bureau of Economic Research (NBER), um importante instituto de pesquisas econômicas nos Estados Unidos, de 1919 para cá os ciclos econômicos no país duraram, em média, menos de seis anos (de vale a vale). O mais curto durou menos de três anos, o maior mais de dez.[1] As consequências para uma empresa que não se prepara podem ser catastróficas. Basta perguntar a qualquer incorporadora imobiliária ou banco em Las Vegas ou Miami como foi não achar uma cadeira vazia quando a música subitamente parou em 2008.

Embora nenhuma organização possa se proteger totalmente do ciclo econômico, empresas com uma força de trabalho altamente produtiva têm mais capacidade de enfrentar crises do que concorrentes menos produtivas. Quando analisaram o desempenho de empresas em períodos de turbulência, nossos colegas na Bain & Company descobriram que as que exibiam a maior produtividade no início da crise normalmente saíam dela com uma posição melhor no mercado. Não raro, essas empresas avançavam à custa de rivais mais fracas, ampliando a participação de mercado na fase de declínio do ciclo e sustentando essa fatia na retomada subsequente.[2]

O poder produtivo de uma organização também pode ajudá-la a vencer um segundo desafio: a possibilidade de um declínio de longo prazo na produtividade geral. Essa hipótese – a de uma "estagnação secular" – vem sendo ferozmente debatida por economistas nos meios acadêmico e empresarial e, de todo modo, sua relevância variaria muito de país para país e de setor para setor. Mas é difícil ignorar certas estatísticas – entre elas a da produtividade total dos fatores (PTF). Segundo economistas, a PTF é a diferença entre a taxa de expansão do PIB e toda contribuição feita pelo crescimento do capital e do trabalho; é, basicamente, um indicador dos efeitos da inovação e do progresso técnico. No livro *The Rise and Fall of American Growth*, Robert Gordon, professor da Northwestern University, nos Estados Unidos, sustenta que uma PTF alta é a exceção, não a regra – e que essa produtividade foi quase 40% menor nos últimos 50 anos (exceto de 1996 a 2004) do que nas oito décadas anteriores a 1972. Significa que a PTF será baixa daqui em diante? Ninguém sabe. Isso posto, em muitos setores seria imprudente um executivo descartar a possibilidade de inovação lenta nos próximos anos.[3]

Se não for possível contar com a inovação para que a produtividade siga crescendo sem parar, a gestão do capital humano é importantíssima. A qualidade dos trabalhadores de uma organização vai determinar seu *baseline* de desempenho; quanto melhor o talento, mais elevada essa linha de base. A eficácia da empresa na hora de liderar e utilizar o talento – individualmente e em equipe – vai ditar se será capaz de manter sua produtividade crescendo. Nenhum fator exógeno fará isso por ela.

O terceiro desafio é algo que mencionamos com frequência ao longo do livro: a abundância de capital financeiro. Essa fartura de capital decorre em grande medida de tendências demográficas que produziram, mundialmente, uma economia de "peak savers": gente no ápice da acumulação de poupança. Nossos colegas do setor de Macro Trends da Bain calculam que o grupo etário com a maior poupança líquida – gente dos 45 aos 59 – continuará crescendo até aproximadamente 2040. Ou seja, por mais outras duas décadas, pelo menos, haveria um volume excessivo de capital correndo atrás de um volume insuficiente de boas ideias.[4]

Encontrar investimentos que gerem valor nesse cenário é, e continuará sendo, muito mais difícil do que antigamente. Nessa conjuntura, vão prosperar empresas que investirem desproporcionalmente em capacidades, ativos e insights que outras não têm. Todos esses elementos dependem de um capital humano fora de série, totalmente engajado e livre de entraves burocráticos. É como diz Dan Walker, ex-diretor de talentos da Apple: "O capital humano é o bem *primordial* de uma organização".

Tudo isso está fora do controle da empresa, seja ela qual for. O que CEOs e suas equipes de gestão podem, sim, controlar é a resposta a esses desafios e, em particular, o modo como administram o tempo, o talento e a energia – recursos verdadeiramente escassos – para manter a empresa à frente da concorrência. O problema é que tirar o máximo partido desses escassos recursos também está mais difícil na conjuntura atual.

Comecemos pela gestão do tempo. Em busca de crescimento, é comum uma empresa investir em novos segmentos de clientes, produtos, serviços e áreas geográficas. Ou, então, tentar crescer por meio de aquisições. Mas, quanto mais dimensões adiciona ao negócio, maior será a complexidade da organização. A menos que siga vigilante, o fardo organizacional trazido pela burocracia vai roubar o precioso tempo das pessoas e minar o crescimento que se deseja estimular. Adotar estruturas organizacionais e práticas feitas para promover a colaboração pode criar um problema parecido. Um volume cada vez maior do trabalho depende de redes de indivíduos e de equipes com autonomia agindo em estreita colaboração – colaboração que uma série de ferramentas eletrônicas torna mais fácil e mais barata. Mas, se não houver cuidado, os funcionários em sua organização vão ser vítimas de uma séria sobrecarga de colaboração. Vai ser soterrado por reuniões virtuais, e-mails, mensagens e todo tipo de método de comunicação que a tecnologia moderna permite.

A gestão de talentos também ficou mais complicada. Ninguém mais espera trabalhar para a mesma empresa a vida toda e pode ser difícil resistir aos encantos da concorrente logo ao lado, que parece crescer a uma velocidade absurda. Com efeito, a mobilidade de muitos trabalhadores qualificados nunca foi tão alta. Redes profissionais como LinkedIn e bancos de empregos como Monster tornam muito mais visíveis as oportunidades profissionais. Sites como Glassdoor e Vault revelam muito sobre o que é a vida em outras empresas. O resultado é que o trabalhador nunca teve tanta informação sobre a carreira e sobre a empresa. Nesse cenário, gente que faz diferença tende a ter menos paciência e mais mobilidade – e a pular de emprego para subir na carreira. Uma empresa que perde seus fazedores de diferença – ou é incapaz de aproveitá-los para o máximo impacto – perde uma vantagem competitiva fundamental.

No caso da gestão da energia, tendências demográficas e sociológicas pesam mais. Em economias desenvolvidas, a transição da geração do pós-guerra (os *baby boomers*) e da geração X para a geração dos *millennials* está em pleno curso (nos Estados Unidos, segundo dados do Census Bureau, os millennials já ultrapassaram os baby boomers como a maior geração viva). Ao mesmo tempo, o baixo crescimento da produtividade e a crescente desigualdade de renda frustraram o sonho do progresso econômico para muitos. Isso tudo contribuiu para mudanças profundas na relação do trabalhador com o trabalho: o modo como o indivíduo trabalha, o quanto trabalha e por que trabalha para começo de conversa são, todos, fatores em plena evolução. Isso significa que o local de trabalho precisa satisfazer uma complexa hierarquia de necessidades. A empresa capaz de satisfazer essas necessidades vai contar com a energia discricionária da força de trabalho – e o impacto disso na produtividade relativa. Quem conseguir criar uma empresa e uma cultura que promovam o alto rendimento e o engajamento vai reenergizar diariamente o pessoal que faz diferença. Sem isso, os indivíduos de maior talento vão buscar a porta de saída.

Resumindo, administrar esses recursos escassos é difícil. Mas o que faz esse considerável esforço valer a pena é o fato de que cada um desses elementos reforça os demais, criando um círculo virtuoso que deixa as concorrentes comendo poeira. É isso que as *outliers* descritas neste livro souberam aproveitar.

UMA RODA QUE GIRA

Neste livro, tratamos de três componentes distintos de uma organização: tempo, talento e energia. Mas esses três elementos interagem, e qualquer medida que afete um deles inevitavelmente terá impacto sobre os demais. Por isso, é bom pensar na organização como uma roda que gira – e em cada decisão tomada por seus líderes como algo capaz fazer essa roda acelerar ou jogar areia na engrenagem (veja Figura E-1).

FIGURA E-1

A roda do desempenho organizacional

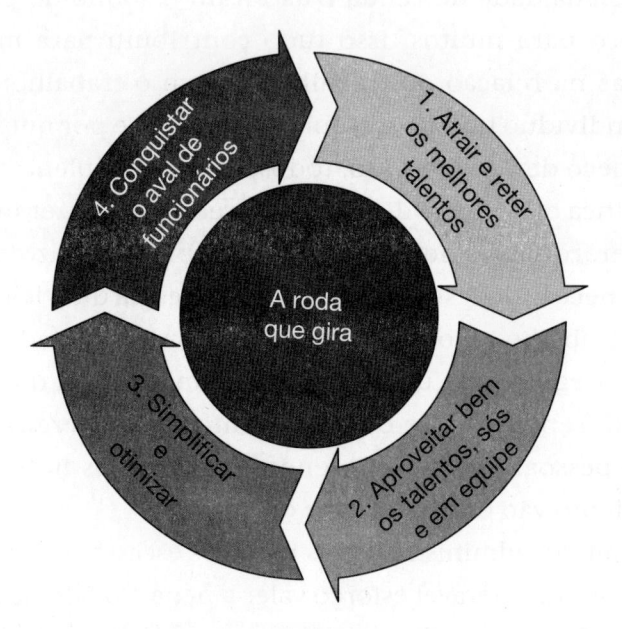

(Diagrama circular com quatro segmentos ao redor de "A roda que gira":
1. Atrair e reter os melhores talentos
2. Aproveitar bem os talentos, sós e em equipe
3. Simplificar e otimizar
4. Conquistar o aval de funcionários)

Fonte: Bain & Company

Vejamos como funciona essa roda. A qualidade dos quadros de uma empresa é o ponto de partida – o *baseline* – de seu poder produtivo. Uma força de trabalho composta de gente excepcional pode produzir mais do que uma formada de gente mediana ou medíocre. A utilização desses quadros – individualmente e em equipe – tem um efeito multiplicador, aumentando o poder produtivo da organização. Em organizações enxutas, sem muita burocracia, as pessoas fazem mais e perdem menos tempo. Se o trabalho tem um propósito claro, cujo valor o pessoal enxerga, uma parte maior da força de trabalho estará engajada. E, se os líderes da empresa encaram sua missão não só como a de administrar tarefas, mas a de inspirar equipes, o pessoal vai dedicar ainda mais energia discricionária à empresa, a seus clientes e à comunidade a que serve. Nessas condições, a roda gira rapidamente, livre do peso da burocracia e impulsionada pelo poder produtivo da organização.

Uma abordagem holística como a que defendemos neste livro diminui a resistência da roda, reduzindo o fardo organizacional. E, de quebra, aumenta sua velocidade, acelerando a rotação à medida que cada um dos elementos reforça os demais.

- **Tempo.** Reduzir o fardo organizacional e otimizar a organização têm o efeito direto de aumentar o poder produtivo de uma empresa. Há menos entraves para quem busca atingir resultados extraordinários. Em organizações que eliminam a burocracia, o nível de engajamento das pessoas em geral é mais alto. À medida que a notícia se espalha, a empresa atrai profissionais talentosos.

- **Talento.** Uma organização com mais fazedores de diferença nos papéis onde possam ter o maior impacto é mais produtiva. Quando as melhores cabeças da empresa trabalham ao lado de gente igualmente talentosa em iniciativas específicas, o poder produtivo cresce exponencialmente. Igualmente importante, gente talentosa não tolera burocracia ou desperdício. O fardo organizacional é menor. Grandes talentos inspiram os outros, incentivando colegas a trazer mais energia discricionária para o trabalho todos os dias.

- **Energia.** Funcionários energizados fazem mais com menos. Os inspirados, então, vão ainda mais longe. De quebra, esses funcionários criam uma experiência melhor para clientes, especialmente no setor de serviços. Empresas que ostentam altos níveis de engajamento das pessoas ganham a reputação de excelentes lugares para se trabalhar. Com isso, atrair e segurar gente excepcional fica ainda mais fácil.

Cada um dos elementos do poder produtivo – tempo, talento e energia – interage com os demais, permitindo que uma empresa realize coisas extraordinárias. Imagine alguns exemplos. Se tiver uma força de trabalho engajada e inspirada, esses funcionários serão seus maiores defensores, não só junto a clientes, mas perante futuros funcionários. Vão recomendar a empresa não porque esperam receber algo em troca, mas porque a conhecem, acreditam nela e querem que seus amigos trabalhem lá. Um estudo da consultoria Dr. John Sullivan & Associates sugere que quando quem já trabalha na empresa indica candidatos, a qualidade destes é melhor, a razão entre candidatos e contratados maior, os custos menores e a retenção de funcionários maior.[5] Na JetBlue, por exemplo, boa parte dos contratados para o atendimento ao cliente pertence à comunidade de mulheres com filhos – muitas delas mórmons –, que trabalham de casa em Salt Lake City. Várias se conhecem. Já no Google, a indicação de candidatos por gente da casa virou uma verdadeira ciência. O Google não se limita a pedir indicações genéricas. "Perguntamos aos 'googlers' quem sugeririam para papéis específicos", escreveu o diretor de RH da empresa, Laszlo Bock, em um livro lançado há pouco, *Um novo jeito de trabalhar*. "Quem é a melhor pessoa da área financeira com quem você já trabalhou? Quem é o melhor desenvolvedor na linguagem de programação Ruby?" Bock acrescenta: "Dividir uma pergunta muito geral ('Você conhece alguém que deveríamos contratar?') em várias [perguntas] pequenas e digeríveis ('Você conhece alguém que seria um bom vendedor em Nova York?') produz mais candidatos, e de um nível melhor". O número de indicações aumentou em um terço quando a empresa começou a usar essas técnicas.[6]

Atrair talentos excepcionais é mais fácil para empresas que ergueram uma cultura de engajamento e mentalidade de dono. Uma vez a bordo, esse pessoal também tem mais facilidade para trabalhar bem em equipes. Na Bain & Company, conseguimos criar uma cultura que atrai candidatos de alto calibre, gera uma boa dose de engajamento e inspiração e leva nossas equipes a exibir um alto rendimento. Nosso sucesso é visível na posição de liderança que ocupamos em muitos rankings do gênero "melhor lugar para trabalhar", como o da Glassdoor, da Vault e da revista *Consulting*. Essa militância – ou *advocacy* – tem aumentado com o tempo, melhorando os resultados de nossas campanhas de recrutamento. Vemos, ainda, que os indivíduos talentosas que nossa empresa contrata têm pouca paciência para impedimentos organizacionais. Fazem pressão junto a líderes para eliminar a burocracia e otimizar interações. Buscam formas eficazes de colaborar com os colegas (e não avaliam o valor de uma reunião pela qualidade das bolachinhas ou dos sanduíches servidos). O resultado é que há menos reuniões inúteis, menos e-mails desnecessários e menos mensagens insignificantes. Qualquer coisa que entrava a execução eficiente da missão da Bain para o cliente é questionada e alterada. E esse questionamento não vem lá do alto; em geral, é a pessoa menos graduada que se manifesta. Com isso, o fardo organizacional despenca.

Praticamente toda empresa destacada neste livro registra certo grau de sinergia entre os elementos organizacionais – sinergia que eleva a velocidade daquela roda da Figura E-1. Funcionários engajados ajudam a empresa a simplificar as operações. Reduzir a perda de tempo incentiva uma cultura mais produtiva. É um círculo virtuoso organizacional – em vez do ciclo vicioso no qual tantas empresas acabam entrando. E permite à empresa fazer coisas que jamais julgaria possíveis. Nunca foi tão importante para CEOs e altos líderes administrar o tempo, o talento e a energia dos quadros da empresa. O sucesso – diríamos até a sobrevivência – no mercado pode depender disso. Nossa esperança é que algumas das ideias apresentadas neste livro sirvam de guia para a empresa se livrar do fardo organizacional e liberar o poder produtivo da equipe. Esse será o segredo para a vitória nas próximas décadas.

NOTAS

Citações sem indicação da fonte e outro material factual proveniente de entrevistas realizadas pelos autores ou por outros sócios da Bain & Company.

Prólogo

1. Karen Harris, Andrew Schwedel e Austin Kimson, "A World Awash in Money". *Bain Report, November 14, 2012*, <http://www.bain.com/publications/articles/a-world-awash-in-money.aspx>.

2. Patty McCord, "How Netflix Reinvented HR", *Harvard Business Review*, January-February 2014, <https://hbr.org/2014/01/how-netflix-reinvented-hr>.

3. Bill Taylor, "How One Company's Turnaround Came from the Heart", *Harvard Business Review*, March 30, 2010, <https://hbr.org/2010/03/how-one-copmanys-turnaround>.

4. Cristiane Correa. *Sonho grande: como Jorge Paulo Lemann, Marcel Telles e Beto Sicupira revolucionaram o capitalismo brasileiro e conquistaram o mundo*. Rio de Janeiro: Sextante, 2014.

Capítulo 1

1. Bureau of Labor Statistics, "Productivity and Costs by Industry: Selected Service-Providing Industries, 2015", produtividade do trabalho a longo prazo, custo unitário de mão de obra e dados correlatos, tabela 2, <http://www.bls.gov/news.release/prin2.nr0.htm>.

2. Tom Monahan, "The Hard Evidence: Business Is Slowing Down", *Fortune*, January 28, 2016, <http://fortune.com/2016/01/28/business-decision-making-project-management>.

3. Andrew Hill, "Business: How to topple bureaucracy". *Financial Times*, April 14, 2016, <http://on.ft.com/264hkWx>.

Capítulo 2

1. Andrew Grove, *Computer Decisions* 16 (1984): 126.

2. Michael C. Mankins, Chris Brahm e Greg Caimi, "Your Scarcest Resource", *Harvard Business Review*, May 2014, <https://hbr.org/2014/05/your-scarcest-resource>.

3. Michael C. Mankins, "This Weekly Meeting Took Up 300,000 Hours a Year", *Harvard Business Review*, April 29, 2014, <https://hbr.org/2014/04/how-a-weekly-meeting-took-up-300000-hours-a-year>.

4. Adele Peters, "Why Sweden is Shifting to a 6-Hour Workday", *Fast Company* Co.Exist, September 29, 2015, <http://www.fastcoexist.com/3051448/why-sweden-is-shifting-to-a-6-hour-work-day>.

5. Walter Isaacson. *Steve Jobs*. São Paulo: Companhia das Letras, 2011.

6. Ryan Fuller, "Quantify How Much Time Your Company Wastes", *Harvard Business Review*, May 28, 2014, <https://hbr.org/2014/05/quantify-how-much-time-your-company-wastes>.

7. Marcia W. Blenko, Paul Rogers e Michael C. Mankins. *A organização que decide: cinco passos para revolucionar o desempenho de sua empresa*. Rio de Janeiro: Elsevier, 2010.

Capítulo 3

1. Mark Gottfredson e Michael C. Mankins, "Four Paths to a Focused Organization", *Bain Brief*, January 15, 2014, <http://www.bain.com/publications/articles/four-paths-to-a-focused-organization.aspx>.

2. Ver "Driving the Strategic Agenda in the New Work Environment", CEB, 2015, <https://www.cebglobal.com/content/dam/cebglobal/us/EN/talent-management/workforce-surveys/pdfs/CEB-Survey-Solutions.pdf>. A declaração de Brian Kropp aparece em Rachel Feintzeig, "So Busy at Work,

No Time to Do the Job", *Wall Street Journal*, June 28, 2016, <http://www.wsj.com/articles/so-busy-at-work-no-time-to-do-the-job-1467130588>.

3. Mike Myatt, "Span of Control-5 Things Every Leader Should Know", *Forbes*, November 5, 2012, <http://www.forbes.com/sites/mikemyatt/2012/11/05/span-of-control-5-things-every-leader-should-know>.

4. Michael C. Mankins, "The True Cost of Hiring Yet Another Manager", *Harvard Business Review*, June 2, 2014, <https://hbr.org/2014/06/the-true-cost-of-hiring-yet-another-manager>.

5. Marcia W. Blenko, Eric Garton e Ludovica Mottura, "Winning Operating Models That Convert Strategy to Results", *Bain Brief*, December 10, 2014, <http://www.bain.com/publications/articles/winning-operating-models-that-convert-strategy-to-results.aspx>.

6. Torsten Lichtenau, John Smith e Sophie Horrocks, "Tackling Complexity: How to Create Simple and Effective Organizations", *Bain Brief*, June 17, 2015, <http://www.bain.com/publications/articles/tackling-complexity-how-to-create-simple-and-effective-organizations.aspx>.

7. Paul Rogers e Marcia W. Blenko, "Who Has the D?: How Clear Decision Roles Enhance Organizational Performance", *Harvard Business Review*, January 2006, <https://hbr.org/2006/01/who-has-the-d-how-clear-decision-roles-enhance-organizational-performance>.

Capítulo 4

1. Michael C. Mankins, Alan Bird e James Root, "Making Star Teams Out of Star Players", *Harvard Business Review*, January-February 2013, <https://hbr.org/2013/01/making-star-teams-out-of-star-players>.

2. Kip Tindell, entrevista a Adam Bryant, "Three Good Hires? He'll Pay More for One Who's Great", *New York Times*, March 13, 2010, <http://www.nytimes.com/2010/03/14/business/14corners.html?_r=0>.

3. Steve Jobs, entrevista a Bob Cringely, "Steve Jobs The Lost Interview", YouTube, February 24, 2015, <https://www.youtube.com/watch?v=U-rA-LWamoI>.

4. R. I. M. Dunbar, "Coevolution of neocortical size, group size, and language in humans", *Behavioral and Brain Sciences* 16.4 (1993): 681-735.

5. Rachel Feintzeig, "Are Companies Good at Picking Stars?", *Wall Street Journal*, June 16, 2014, <http://www.wsj.com/articles/are-companies-any-good-at-picking-stars-1434486106>.

6. Walter Mischel e Yuichi Shoda, "A Cognitive-Affective System Theory of Personality: Reconceptualizing Situations, Dispositions, Dynamics, and Invariance in Personality Structure", *Psychology Today*, April 1995.

7. Cristiane Correa. *Sonho grande: como Jorge Paulo Lemann, Marcel Telles e Beto Sicupira revolucionaram o capitalismo brasileiro e conquistaram o mundo*. Rio de Janeiro: Sextante, 2014.

8. Kenneth P. De Meuse, Guangrong Dai, George S. Hallenbeck e King Yii Tang, "Using Learning Agility to Identify High Potentials around the World", Korn Ferry Institute Research Study, 2009.

9. O. G. Selfridge, "Pandemonium: A Paradigm for Learning", National Physical Laboratory Symposium n. 10, November 1958.

10. Reid Hoffman, Ben Casnocha e Chris Yeh. *The Alliance: Managing Talent in the Networked Age*. Boston: Harvard Business Review Press, 2014.

Capítulo 5

1. Michael C. Mankins, Alan Bird e James Root, "Making Star Teams Out of Star Players", *Harvard Business Review*, January-February 2013, <https://hbr.org/2013/01/making-star-teams-out-of-star-players>.

2. NASA Associate Deputy Administrator for Policy, "Falcon 9 Launch Vehicle NAFCOM Cost Estimates", August 2011, <https://www.nasa.gov/pdf/586023main_8-3-11_NAFCOM.pdf>.

3. Walter Isaacson. *Steve Jobs*. São Paulo: Companhia das Letras, 2011.

4. Julia Zorthian, "How *Toy Story* Changed Movie History", *Time*, November 19, 2015, <http://time.com/4118006/20-years-toystory-pixar>.

5. "NASCAR Pit Crew", *Sports Science*, Temporada 4, Episódio 33.

6. Matthew Yglesias, "Who's the Boss?", *Slate*, October 12, 2012, <http://www.slate.com/articles/business/small_business/2012/10/the_value_of_a_good_boss_stanford_researchers_show_the_economic_value_of.html>.

7. Edward P. Lazear, Kathryn L. Shaw e Christopher T. Stanton, "The Value of Bosses", National Bureau of Economic Research, August 2012.

8. Ning Li, Helen H. Zhao, Sheryl L. Walter, Xin-An Zhang e Jia Yu, "Achieving more with less: Extra milers' behavioral influence in teams", *Journal of Applied Psychology* 100.4 (July 2015): 1025-1039.

9. Kurt Eichenwald, "Microsoft's Lost Decade", *Vanity Fair*, August 2012, <http://www.vanityfair.com/news/business/2012/08/microsoft-lost-mojo-steve-ballmer>.

10. Rob Cross, Reb Rebele e Adam Grant, "Collaborative Overload", *Harvard Business Review*, January-February 2016, <https://hbr.org/2016/01/collaborative-overload>.

Capítulo 6

1. Zeynep Ton. *The Good Jobs Strategy: How the Smartest Companies Invest in Employees to Lower Costs and Boost Profits*. Nova York: Houghton Mifflin Harcourt, 2014.

2. Daniel Pink. *Motivação 3.0: os novos fatores motivacionais para a realização pessoal e profissional*. Rio de Janeiro: Elsevier/Alta Books, 2010.

3. Jennifer Robin, "The Path that Builds Trust", blog Great Place to Work, August 29, 2013, <http://www.greatplacetowork.com/events-and--insights/blogs-and-news/2245-one-rule#sthash.EorfKmNT.dpbs>.

4. Humayun Khan, "How Nordstrom Made Its Brand Synonymous With Customer Service (and How You Can Too)", Shopify, May 2, 2016, <https://www.shopify.com/retail/119531651-how-nordstrom-made-its--brand-synonymous-with-customer-service-and-how-you-can-too>.

5. Christian Conte, "Nordstrom customer service tales not just legend", *Jacksonville Business Journal*, September 7, 2012, <http://www.bizjournals.com/jacksonville/blog/retail_radar/2012/09/nordstrom-tales-of--legendary-customer.html>.

6. Kniberg, "Spotify Engineering Culture (partes 1 & 2)", blog Spotify Labs, March 27, 2014, <https://labs.spotify.com/2014/03/27/spotify-engineering-culture-part-1>.

Capítulo 7

1. Louis V. Gerstner Jr. *Who Says Elephants Can't Dance? Inside IBM's Historic Turnaround*. Nova York: HarperBusiness, 2012, p. 181.

2. "Futurestep survey: organizational culture and employer brand are top competitive advantages when recruiting talent", Korn Ferry Futurestep blog, June 16, 2015, <http://www.futurestep.com/news/futurestep-survey-organizational-culture-and-employer-brand--are-top-competitive-advantages-when-recruiting-talent>.

3. Founder's Mentality® é marca registrada da Bain & Company, Inc.

4. Chris Zook e James Allen. *A mentalidade do fundador: a chave para sua empresa enfrentar as crises e continuar crescendo*. Barueri, SP: Figurati, 2016.

5. Philip E. Tetlock e Dan Gardner. *Superprevisões: a arte e a ciência de antecipar o futuro*. Rio de Janeiro: Objetiva, 2016.

Epílogo

1. National Bureau of Economic Research, "US Business Cycle Expansions and Contractions", September 20, 2010, <http://www.nber.org/cycles.html>.

2. Darrell K. Rigby e Mark Gottfredson, "Winning in Turbulence: The Power of Managing Complexity", *Harvard Business Review*, February 23, 2009, <https://hbr.org/2009/02/winning-in-turbulence-the-powe>.

3. Robert J. Gordon. *The Rise and Fall of American Growth: The U.S. Standard of Living Since the Civil War*. Princeton, NJ: Princeton University Press, 2016.

4. Karen Harris, Andrew Schwedel e Austin Kimson, "A World Awash in Money", *Bain Report*, November 14, 2012, <http://www.bain.com/publications/articles/a-world-awash-in-money.aspx>.

5. Dr. John Sullivan, "10 Compelling Numbers That Reveal the Power of Employee Referrals", Eremedia, May 7, 2012, <http://www.eremedia.com/ere/10-compelling-numbers-that-reveal-the-power-of-employee-referrals>.

6. Laszlo Bock. *Um novo jeito de trabalhar: o que o Google faz de diferente para ser uma das empresas mais criativas e bem-sucedidas do mundo*. Rio de Janeiro: Sextante, 2015.

AGRADECIMENTOS

UM LIVRO COMO ESTE envolve a contribuição de muita gente. Antes de mais nada, gostaríamos de agradecer a nossos sócios e colegas na Bain & Company, que nos ajudaram a desenvolver as ideias aqui apresentadas. Uma das grandes alegrias de trabalhar na Bain é que estamos sempre aprendendo muito uns com os outros. Somos especialmente gratos aos integrantes do conselho editorial da consultoria: Wendy Miller, Paul Cichocki, Rob Markey, Patrick Liter, Phil Schefter, James Root e Alan Bird. Essas pessoas leram as primeiras versões do texto durante voos e longos fins de semana e nos ajudaram a formular e aprimorar nossa mensagem. Foi uma ajuda valiosíssima.

Nossa equipe de pesquisa – Ludovica Mottura, Shih-Yu Wang, Bart van den Akker, Elizabeth Schlossberg e Joanna Zhou – contribuiu de inúmeras maneiras para a preparação do livro. Essa equipe nos manteve na linha e dentro dos prazos, um feito e tanto num projeto dessa envergadura. Sem seu compromisso e foco, talvez ainda estivéssemos debatendo as primeiras versões.

Nossa editora, Melinda Adams Merino, e toda a equipe da Harvard Business Review Press nos incentivaram a embarcar nesse projeto e nos guiaram ao longo do caminho. Fizeram críticas construtivas a nossas ideias e sempre nos questionaram na hora certa. O resultado disso é um livro muito mais sólido. Desde muito, a HBRP é um verdadeiro baluarte da integridade e da inovação na publicação de obras de gestão e temos orgulho de ver nosso nome associado à editora. A dedicada equipe da Economist Intelligence Unit foi fundamental para nos ajudar a preparar e executar a pesquisa na base do livro. Somos gratos por seu profissionalismo e pela capacidade de traduzir nossas ideias em um questionário prático e informativo.

Nossos editores internos, Paul Judge e John Case, transformaram um texto às vezes truncado em algo digno de leitura. Se o leitor julgar nossa redação clara, concisa e interessante, grande parte do crédito deve ir para os dois. Nossas famílias – Bob Camp, Karen Salmon e Aidan, Chloe, Celeste e Marcus Garton – tiveram uma paciência infinita, foram tolerantes e até incentivaram nossa obsessão, incluindo os muitos meses de noites e fins de semana inteiros dedicados à redação do livro.

Para encerrar, essa seção não ficaria completa sem um agradecimento sincero aos muitos clientes que tivemos o privilégio de atender ao longo dos anos. Se tivermos algo a oferecer a eles neste livro, nada mais justo – pois aprendemos muito com todos eles.

SOBRE OS AUTORES

MICHAEL MANKINS é sócio do escritório da Bain & Company em San Francisco, nos Estados Unidos, e foi líder da prática de Organização da consultoria nas Américas. Michael é coautor do livro *A organização que decide: cinco passos para revolucionar o desempenho de sua empresa* (Elsevier, 2010) e *The Value Imperative: Managing for Superior Shareholder Returns* (Free Press, 1994). Seus textos e ideias já apareceram em inúmeros artigos na *Harvard Business Review* e em veículos como *The Wall Street Journal*, *Financial Times*, *The New York Times* e vários outros. Michael também foi palestrante em eventos organizados por *Harvard Business Review*, *Business Week*, *CFO Magazine*, *Directors & Boards* e outras organizações. Em 2006, Michael foi nomeado pela revista *Consulting* um dos "consultores mais influentes" do ano.

ERIC GARTON é sócio do escritório da Bain & Company em Chicago, líder da prática global de Organização da empresa e membro sênior das práticas de Bens de Consumo e Bens e Serviços Industriais da firma. Desde sua chegada à Bain, em 1997, Eric vem se dedicando a trabalhar com empresas globais às voltas com consideráveis transformações.

FONTE: Mrs Eaves XL Serif

#Figurati nas redes sociais